Giulio Di Martino

Die letzten
Rätsel der Menschheit

MYSTISCHE PLÄTZE

Frederking & Thaler

Inhalt

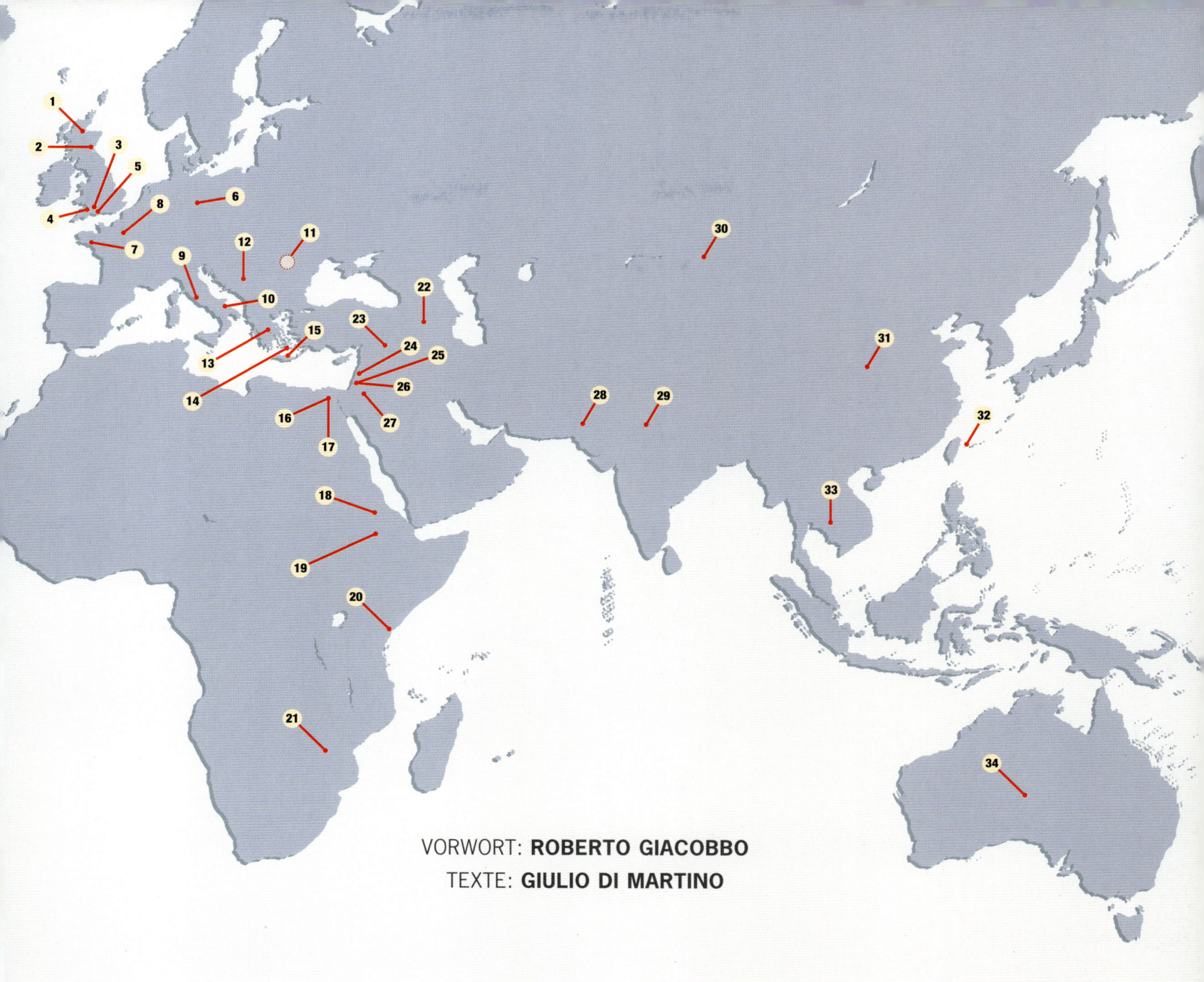

VORWORT: **ROBERTO GIACOBBO**

TEXTE: **GIULIO DI MARTINO**

VORWORT
von Roberto Giacobbo

Federico Cesi hat das Wissen der Menschheit vorangebracht. Im Jahre 1603, mit 17 Jahren, gründete er gemeinsam mit drei Freunden eine Institution, die über Jahrhunderte Bestand hatte: die *Accademia dei Lincei* (»Akademie der Luchsartigen«), eine der renommiertesten kulturellen Gesellschaften Italiens. Der Name verweist auf den sprichwörtlichen Scharfblick des Luchses. Von ihren Mitgliedern erwartete man, dass sie über den Tellerrand der Schulwissenschaft hinausblickten. Studiengegenstand waren alle Naturwissenschaften, die es mit absolut freier Beobachtung und ohne Bindung an Institutionen zu erforschen galt.

Mit ebendieser Geisteshaltung reist Giulio Di Martino seit fast zehn Jahren mit mir und dem Team um die Welt, immer auf den Spuren ungelüfteter Geheimnisse, die Wissenschaft, Architektur und Geschichte uns hinterlassen haben. In den vielen Jahren unserer Tätigkeit bei Rai Radiotelevisione Italiana haben wir zahlreiche Dokumentarfilme geschaffen und außergewöhnliche Forschungen betrieben: Wir tauchten vor Japan nach den versunkenen Pyramiden von Yonaguni, wir blickten in die unergründlichen Moai-Gesichter auf der Osterinsel, wir stiegen in die Tiefen der Erde hinab und erklommen die geheimnisvollsten Berggipfel. Wir reisten mit allen möglichen Transportmitteln und lauschten den Geschichten von Menschen unterschiedlichster Kulturen, stets auf der Suche nach Antworten, die unser Vorstellungsvermögen oft überstiegen. Diese neue Reise, auf die sich Giulio nun allein gemacht hat, bringt die Betrachtungen, Emotionen und Wunder aller in der Vergangenheit gemeinsam erlebten Abenteuer mit ein. Das Ergebnis ist ein Buch mit bewegenden Bildern und erstaunlichen Geschichten, verfasst mit dem Willen, an den Grenzen des Wissens zu forschen. Um es mit den Worten Marcel Prousts zu sagen: »Die wahre Entdeckungsreise besteht nicht darin, dass man neue Landschaften sucht, sondern dass man sie mit neuen Augen sieht.«

VOM REISEN IN UNBEKANNTE WELTEN

von Giulio Di Martino

»An alle, die nie aufhören zu suchen«

»Das Tiefste, das wir erfahren können, sind die Offenbarungen der Mystik.
Sie sind das fundamentalste Gefühl, das an der Wiege aller wahren Kunst und
Wissenschaft steht. Wer es nicht kennt, kann sich nicht mehr wundern; er erlebt
das tiefe Staunen nicht mehr: Er ist so gut wie tot, wie eine erloschene Kerze.«

ALBERT EINSTEIN

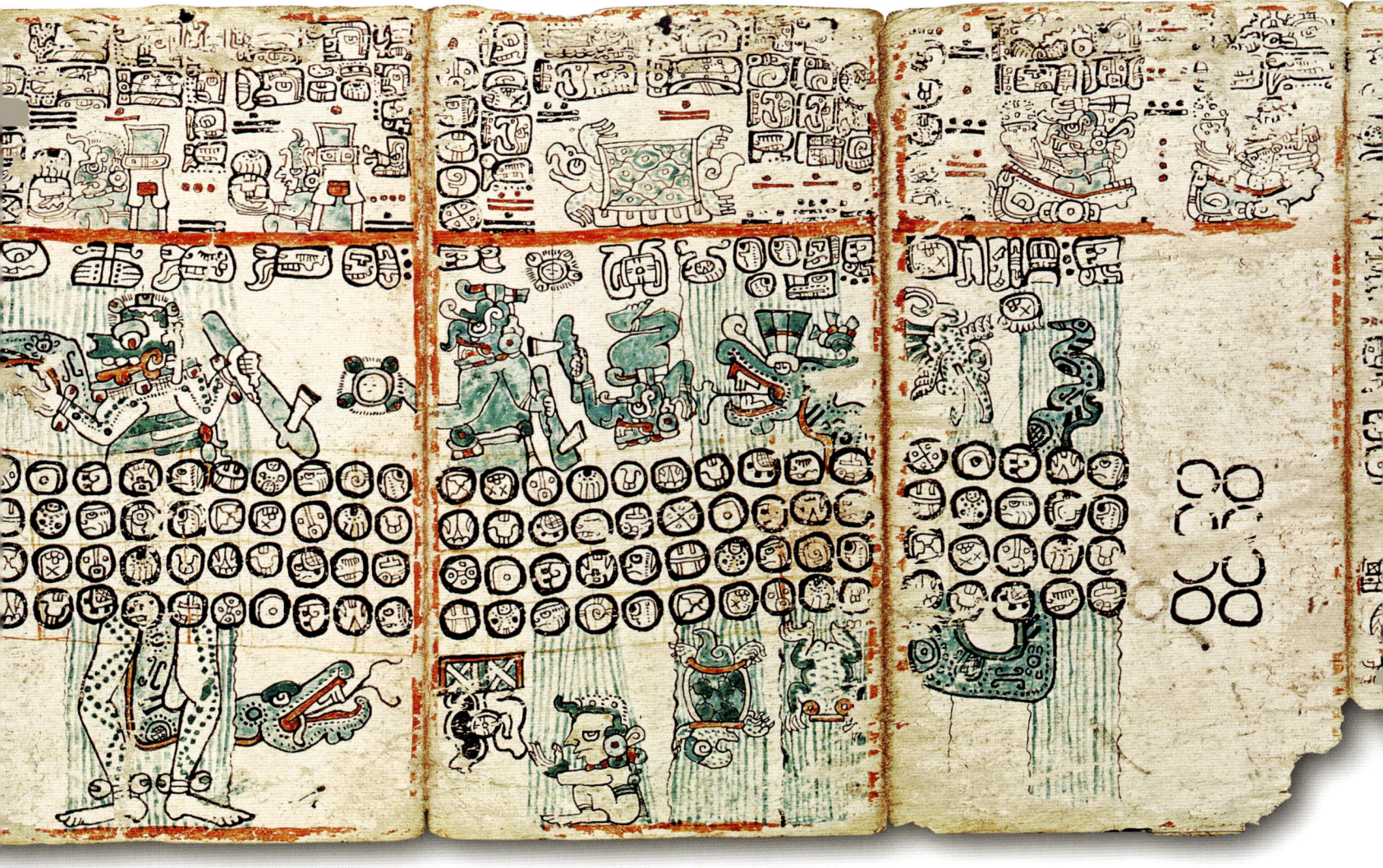

Mit Einsteins Gedanken kam ich an der Fakultät für Theoretische Physik in Berührung. Damals konnte ich mir nicht vorstellen, dass ich mich eines Tages fernab von schulwissenschaftlichen Lehrmeinungen auf die Suche machen würde nach den großen, ungelösten Mysterien der Geschichte und der Archäologie. Zehn Jahre sind seitdem vergangen. Jahre, die zwischen Reisen und Dokumentarfilmen, zwischen Theorien und Hypothesen und zwischen Begegnungen und Entdeckungen vergingen. Sie waren angefüllt mit Erzählungen in Bildern und Worten, stets darauf bedacht, Licht in die dunkelsten Winkel unseres Wissens zu bringen, die Herausforderung anzunehmen, die rätselhaftesten Bauten auf unserem Planeten zu ergründen und sich mit Mythen, Legenden und zeitlich wie räumlich weit entfernten Kulturen auseinanderzusetzen, um eine Vergangenheit zu entschlüsseln, die manchmal eine andere Geschichte erzählt als jene, die wir kennen. Und so entstand nach zehn Jahren dieses Buch – eine Reise innerhalb der Reisen, eine Entdeckungsreise zu 52 mystischen Plätzen. 52 wie die Anzahl der Wochen eines Jahres und der Spielkarten eines Standard-Kartendecks.

Auf diese beiden Arten kann man auch dieses Buch durchblättern. Bei der ersten Methode folgt man Woche für Woche einem idealen Weg, der von einer Seite zur nächsten, von einem Mysterium zu einem »benachbarten« führt. So kann man im Lauf eines Jahres quer über den gesamten Erdball reisen und dabei Station für Station den Spuren seiner großen Geheimnisse folgen. Oder man kann nach dem Zufallsprinzip »eine Karte aus dem Stoß ziehen«, sich von einer der 52 Geschichten in diesem Band überraschen und in weite Ferne entführen lassen.

Zwei Fragen hat man mir in den letzten Jahren immer wieder gestellt: »Welche Reise war die aufregendste? Und welches Geheimnis war das unglaublichste?« Am einfachsten antwortet man darauf frei nach dem türkischen Dichter Nâzım Hikmet: »Die schönste Reise ist die, die wir noch nicht vollendet haben.« Das wäre jedoch nur ein Teil der Wahrheit. Der andere Teil ist der, der sich im Gedächtnis festsetzt.

Bei mir ist dies die Erinnerung an Rapa Nui, die Osterinsel, ein kleines Dreieck-Land inmitten des Pazifiks, Tausende Kilometer von anderen Orten entfernt, auf dem riesige Gesichter mit unergründlichem Blick stehen. Wen stellen sie dar? Warum haben sich die Bewohner eines vom Rest der Welt so abgeschiedenen Ortes abgemüht, um sie anzufertigen? Es gibt eine bestimmte Stelle auf der Insel, am Kreuzungspunkt der Ränder zweier Vulkankrater, der 300 Meter steil über dem Ozean liegt; hier kann man sehr leicht von Fantasien über uralte, unbekannte Kulturen und die Vorstellungen, die sie über den Sinn unserer Existenz hatten, ergriffen werden. Ein ähnliches Gefühl beschleicht den Besucher auf der kleinen Isla del Sol im Titicacasee mit seinem unbeschreiblichen, magnetisierenden Blau. An seinen Ufern versuchen die Bilder im – durch die dünne Luft verlangsamten – Gehirn, in eine Zeit zurückzugehen, als die geheimnisvollen Gründer von Tiahuanaco vielleicht die Hauptstadt eines verlorenen Reiches an diesem zauberhaften See errichteten. Und noch viele Millionen Jahre weiter zurück, als sich die 4000 Meter hohe Hochebene in den Anden noch auf dem Meeresgrund befand, worauf die fossilen Muscheln hindeuten.

Mit dem Begriff der Zeit muss man sich auch auf den Stufen der herrlichen Maya-Pyramiden in Yucatán auseinandersetzen. Abgesehen von ihrer Ästhetik, ihren Geheimgängen und ihren versteckten Schätzen ist es vor allem die Leidenschaft, mit der die Maya das Phänomen der Zeit zu ergründen suchten, die dazu anregt, den Fokus zu wechseln. Denn jedes ihrer Gebäude und Monumente scheint zu dem Zweck gebaut worden zu sein, den Lauf der Zeit und der Gestirne zu messen und zu berechnen, als wollten sie ihn kontrollieren und in einem ewigen Kreis festhalten, aus dem er nicht entrinnen konnte. Nach diesem Prinzip ist auch ihr legendärer Kalender angelegt: zyklisch, kompliziert, perfekt – und darauf ausgelegt, am 21. Dezember 2012 noch einmal von vorne zu beginnen.

Meine ursprünglichste und bewegendste Erinnerung jedoch ist jene an den Uluru im wüstenhaften Herz Australiens, das wohl Natur in ihrem reinsten Zustand darstellt. Wenn sich die unerbittlich schwarze Dämmerung über diese Wüste senkt, leuchtet der gigantische heilige Monolith weiter in einem lebhaften, unglaublichen Rot. Wenige Minuten authentische Magie – und dann verschwindet alles. Man fühlt sich in der Düsternis einer unendlichen Einsamkeit verloren. Und in diesem Moment spürt man, welche Fragen möglicherweise auf unsere Vorfahren in uralten Zeiten eingestürzt sind, auf jene, die es uns ermöglicht haben, das zu sein, was wir heute sind.

Vielleicht sind Reisen eher dafür gut, neue Fragen zu finden, und nicht neue Antworten. Wie die Wissenschaftler, wenn sie sich mit dem Mysterium auseinandersetzen, wie Einstein sagte. Ein lebenswichtiger, berauschender Gedanke: Wir haben noch nicht alles verstanden. Das ist noch nicht alles. Noch hat man sich nicht alles vorgestellt. Manche nehmen an, dass wir sicher sind, solange wir noch eine Geschichte zu erzählen haben. Ich glaube, dass wir sicher sind, solange es noch eine Geschichte gibt, nach der man suchen kann. Wie José Saramago, ebenfalls ein Nobelpreisträger, in seinem Werk »Die portugiesische Reise« schreibt: »Die Reise endet nie. Nur die Reisenden hören auf zu leben. Und auch sie können im Gedächtnis, in der Erinnerung, in Erzählungen weiterleben. Als der Reisende sich in den Sand des Strandes setzte und sprach: ›Es gibt nichts mehr zu sehen‹, wusste er, dass dies nicht wahr war.« Das ist es nie.

2–3 Der Steinkreis von Stonehenge, seit jeher vom Nebel des Geheimnisses umgeben.

4–5 Die verlorene Stadt Machu Picchu liegt zwischen den Andengipfeln eingebettet.

10–11 Der Kalender der Maya ist zyklisch aufgebaut: Er beginnt am 11. August 3114 v. Chr. und endet am 21. Dezember 2012.

14–15 Die ewige Armee von Xi'an beschützt seit Jahrhunderten die Geheimnisse des Grabmals des ersten chinesischen Kaisers.

16–17 Das rätselhafte Gesicht der Sphinx in der Ebene von Gizeh scheint eine Herausforderung für die Zeit und die Wahrheiten des Menschen zu sein.

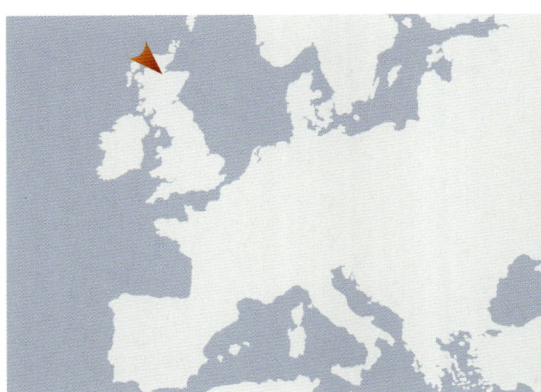

Loch Ness

(57°18'N — 4°27'W)

DAS BERÜHMTESTE UND SCHEUESTE UNGEHEUER ALLER ZEITEN VERBIRGT SICH IN EINEM DER SCHÖNSTEN SEEN DER ERDE

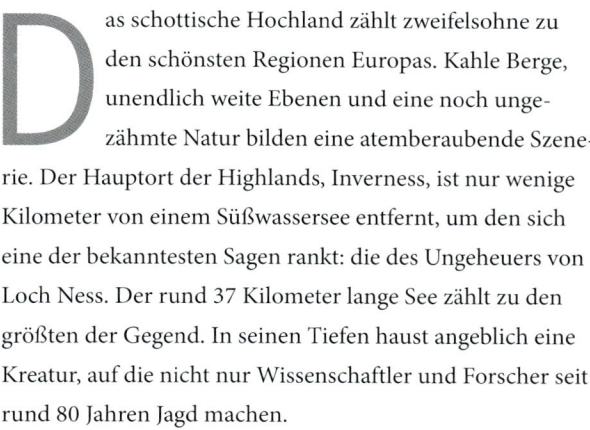

Das schottische Hochland zählt zweifelsohne zu den schönsten Regionen Europas. Kahle Berge, unendlich weite Ebenen und eine noch ungezähmte Natur bilden eine atemberaubende Szenerie. Der Hauptort der Highlands, Inverness, ist nur wenige Kilometer von einem Süßwassersee entfernt, um den sich eine der bekanntesten Sagen rankt: die des Ungeheuers von Loch Ness. Der rund 37 Kilometer lange See zählt zu den größten der Gegend. In seinen Tiefen haust angeblich eine Kreatur, auf die nicht nur Wissenschaftler und Forscher seit rund 80 Jahren Jagd machen.

Ihren Ausgang nahm die Geschichte 1933, als der *Inverness Courier* in seiner Ausgabe vom 2. Mai von der Sichtung eines seltsamen Tieres im See berichtete. Das Ehepaar MacKay gab an, zwei unheimliche Buckel gesehen zu haben, die aus den Gewässern von Loch Ness auftauchten. Ob es sich um den Abkömmling der »wilden Meeresbestie« handelte, die einst Adomnan in seinem Werk »Vita Columbae« beschrieb? Dort ist die Rede von einer Kreatur, die im Jahr 565 dem Fluss Ness entstieg und von dem irischen Missionar Columban von Iona durch das Kreuzzeichen und den Befehl »Nicht mehr weiter!« verjagt wurde.

Sechs Monate später wurde das erste Foto des vermeintlichen Ungeheuers veröffentlicht, auf dem das gewölbte Profil einer Kreatur zu sehen war, die eine Wellenfront vor sich her schob und Wasserfontänen in die Luft schleuderte. Dieses Bild und alle folgenden Fotos und Filme entfachten leb-

hafte Diskussionen unter Experten, die bis heute geführt werden. In den 1950er-Jahren erlangte das Ungeheuer von Loch Ness dann weltweit Popularität: Neugierige aus aller Herren Länder fanden sich in Schottland ein, um Jagd auf die »Nessie« getaufte Kreatur zu machen.

Von den verschiedenen Aufnahmen wurde »das Foto des Chirurgen« geradezu zu einer Ikone: Das Bild, das Robert Wilson im April 1934 geschossen hatte, landete auf mehreren Titelseiten. Erst 60 Jahre später entdeckten Forscher des *Loch Ness Centre* das Modell, das Wilson für seinen Scherz verwendet hatte.

Die übrigen Aufnahmen blieben umstritten. Die berühmteste von ihnen zeigt drei aus dem See ragende, im Untertauchen begriffene Buckel und wurde 1951 von Lachlan Stuart gemacht. Sehr beeindruckend ist aber auch das aus dem Jahr 1955 stammende Foto von Peter MacNab, der ein langes Objekt an der Oberfläche des Sees in der Nähe von Urquhart Castle verewigte; wenn man es in Relation zu der Burg, die sich im Hintergrund befindet, betrachtet, dürfte es ungefähr 20 Meter lang sein.

Der erste Film dagegen stammt von Malcolm Irvine und zeigt beinahe eine Minute lang das unter der Wasseroberfläche schwimmende Ungeheuer. Ein weiterer viel diskutierter Streifen stammt aus dem Jahr 1960 und wurde von Timothy Dinsdale gedreht. Er zeigt einen Buckel, der das Wasser mit großer Geschwindigkeit durchpflügt und ein mächtiges Kielwasser hinter sich lässt. Obwohl von diesem Film im

18–19 Urquhart Castle, etwa 1230 erbaut, ist eine der mächtigsten mittelalterlichen Burgen Schottlands. Die Ruine stellt die landschaftlich wohl reizvollste Stelle am Ufer von Loch Ness dar. In der Nähe der Burg wurde das Ungeheuer bislang am häufigsten gesichtet, auch im Jahr 1955 von Peter MacNab. Kein Wunder also, dass sie zum beliebtesten Aussichtspunkt bei »Nessie«-Beobachtern geworden ist.

18 unten Das berühmte »Foto des Chirurgen« – für viele nach wie vor die Ikone des Ungeheuers von Loch Ness. Das von Robert Wilson im April 1934 geschossene Foto beflügelte mehr als ein halbes Jahrhundert die Fantasie der Menschen und die Vermarktung des Geheimnisses. Erst in den 1990er-Jahren entdeckte man, dass es sich um eine Fälschung handelt: Das Foto zeigt nur ein kleines Holzmodell.

20–21 Die Akademie für Angewandte Wissenschaften in Boston organisierte 1970 als Erste einen wissenschaftlichen Tauchgang. Die Kameras und Sonargeräte identifizierten auf dem Grund des Sees etwas, das wie ein mehrere Meter langes Wesen wirkte. 1987 stellte sich aber im Rahmen des Projekts *Deep Scan* heraus, dass es sich nur um einen dicken, von Algen bedeckten Baumstamm gehandelt hatte.

21 Auch heute noch wird Jagd auf das scheue Ungeheuer im schottischen Hochland gemacht – ob Laie oder Wissenschaftler, das faszinierende, rätselhafte Wesen lockt zahlreiche Menschen an. Mithilfe einfacher Ferngläser und moderner Webcams wird fieberhaft versucht, einen Blick auf »Nessie« zu werfen oder gar nach unzähligen gescheiterten Versuchen endlich seine Existenz zu beweisen.

Jahr 1993 eine Masterkopie angefertigt wurde, sind doch bis heute
noch viele Fragen offen.

Die letzte Filmaufnahme von Nessie, die eine gigantische,
schwimmende Silhouette zeigt, ist von Gordon Holmes und
stammt von 2007. Und im August 2009 ließen öffentlich zugäng-
liche Satellitenbilder von Google Earth etwas erkennen, das eine
Wasserkreatur sein könnte. Manche glauben an eine kollektive
Halluzination, andere an einen Nachfahren der Dinosaurier und
wieder andere an eine Reihe von Scherzen à la Wilson.

Seit fast 80 Jahren wird hier geforscht, der Aufwand ist beachtlich:
Man hat den ganzen See durchkämmt, mit Unterwassermikro-
fonen überwacht, mit Sonargeräten abgetastet, mit U-Booten
abgesucht und mit Satelliten und Webcams ständig überwacht.
Mal wurde dabei etwas Auffälliges verzeichnet, mal gar nichts.
Aber jedes Mal, wenn der Fall für abgeschlossen erklärt wurde, hat
eine erneute Sichtung die Diskussion wieder angefacht.

Glamis Castle

(56°37'13"N  - 3°0'10"O)

EIN MAGISCHER ORT, VOM SCHOTTISCHEN NEBEL UMHÜLLT UND VON SHAKE-
SPEARE, GRAUSAMEN GEHEIMNISSEN UND MYSTERIÖSEN GESPENSTERN UMGEBEN

Bei den Begriffen »Geheimnis« und »Schottland«
denkt man unweigerlich an Schlösser und Ge-
spenstergeschichten. Als das am häufigsten von
Geistererscheinungen heimgesuchte Schloss gilt
Glamis Castle, auf dem der Fluch der Strathmore lastet.
Seinen Anfang nahm der Fluch im Jahr 1372, als König
Robert II. von Schottland, der das Haus der Stuarts begrün-
dete, das Schloss an Sir John Lyon verschenkte. Doch ein
Blutfleck auf dem Fußboden direkt am Eingang des Schlosses erinnert daran, dass hier bereits im Jahr 1034 König
Malcolm II. durch einen Hieb mit einem *Claymore*, einem
schottischen Langschwert, gezweiteilt wurde. Es gelang nie-
mandem je, diesen Fleck zu entfernen, der Oscar Wilde zu
seiner Erzählung »Das Gespenst von Canterville« inspiriert
haben könnte.

Die berühmteste Erscheinung von Glamis ist der Geist von
Earl Beardie. Die Sage berichtet, dass Lord Beardie eines
Sonntags niemanden zum Kartenspielen fand, da diese Ver-
gnügung sonntags verboten war. Nachdem er mehrere Die-
ner beschimpft hatte, schrie er, dass er auch mit dem Teufel
höchstpersönlich bis zum Tag des Jüngsten Gerichts spielen
würde. In diesem Augenblick klopfte ein Fremder an die
Tür und erbot sich zu spielen. Die beiden schlossen sich in
ein Zimmer ein, und von da an hörte man nichts mehr von
Earl Beardie und seinem mysteriösen Gast. Die Bewohner
des Schlosses schwören aber, in manchen Nächten seltsame
Schreie zu hören, und viele sind davon überzeugt, dem
Geist von Lord Beardie begegnet zu sein.

In Glamis Castle spielt auch die Handlung von William
Shakespeares »Macbeth«. Hier soll Macbeth König Duncan
ermordet haben. »Macbeth« gilt als das meistgefürchtete
Stück der Theaterensembles; sie sprechen seinen Namen nie
aus, sondern reden immer nur vom »schottischen Drama«.
In der Tat waren »Macbeth«-Aufführungen oft von Unfällen
überschattet: 22 Zuschauer starben während eines Aufruhrs
anlässlich der Aufführung in New York im Jahr 1849. Drei
Bühnen- und Kostümbildner starben bei der Produktion

1930. 1948 stürzte Lady Macbeth in der Schlafwandlerszene
fünf Meter in die Tiefe, und so weiter. Fast jede Inszenierung
brachte Unfälle und Missgeschicke mit sich: plötzlich
erkrankte Schauspieler, einstürzende Kulissen, Bühnenwaf-
fen, die echte Verletzungen zufügten, elektronische Anlagen,
die Feuer fingen. Als würden Shakespeares Hexen ihren
düsteren Schatten auf die Bühnen werfen …

Tatsächlich der Hexerei bezichtigt wurde im Jahr 1540
Janet Douglas, die Herrin von Glamis. König Jakob V.
beschlagnahmte das Schloss, die Lady endete auf dem
Scheiterhaufen. Als die Anschuldigungen sich später als
falsch erwiesen, wurde das Schloss an die Familie Douglas
zurückgegeben. Aber es heißt, dass Schlossbesuchern seit
damals häufig die »Grey Lady« erscheint, die Graue Dame.
Und in der Familienkapelle von Glamis Castle, die 46 Plätze bietet, ist seit jeher einer für ebendiese Dame reserviert.
Noch heute wagt niemand, diesen Sitz zu belegen.

Es gibt noch eine weitere weibliche Gestalt, die Besuchern –
aber auch so außergewöhnlichen Zeugen wie der Schwester von Elizabeth Bowes-Lyon (»Queen Mum«), die hier
zur Welt kam – in den Gängen von Glamis Castle begegnet
sein soll: die Weiße Frau. Ihre Geschichte ist nicht
bekannt, aber die verschiedenen Farben, die den beiden
Damen zugesprochen werden, spiegeln auch die Charakte-
ristik ihrer Erscheinungen wider: Die Graue Dame wirkt
bescheidener, trauriger und weniger wahrnehmbar, während die Weiße Dame einen lebhafteren, aggressiveren,
strahlenderen Eindruck macht.

Abgesehen von diesen Erscheinungen ist die Geschichte von
Glamis Castle von zahlreichen düsteren Vorfällen geprägt.
Die schrecklichsten betreffen zweifelsohne den Grafen
Patrick Strathmore. Dieser liederliche, wilde Mann wurde
während eines Clankriegs zwischen den Lindsays und den
Ogilvies von Letzteren um Asyl gebeten. Da er ihnen die
Gastfreundschaft nicht verwehren konnte, soll er sie auf-
genommen, danach jedoch in einen geheimen Raum ein-
gemauert haben, wo sie elendiglich verhungerten, nachdem

22–23 Die Zufahrtsstraße zu Glamis Castle, genannt *Mile Long Avenue*: Je nach Tageszeit erzeugen die Farben des Gebäudes und seiner Gärten sehr unterschiedliche Stimmungen. Tagsüber kommt der Prunk des Schlosses zur Geltung, bei Sonnenuntergang wirkt es unheimlich, und nachts scheinen die in den alten Gemäuern verborgenen Geheimnisse geradezu spürbar.

24 Die imposante Sonnenuhr thront wenige Schritte vom Eingang des Schlosses in seinem Garten. Sie wurde 1671 geschaffen und ist mit ihren 7 Metern Höhe eine der größten Sonnenuhren Schottlands. In den Grünanlagen verteilen sich noch 83 weitere Sonnenuhren und weisen auf eine seltsame Besessenheit vom Verstreichen der Zeit hin, die an diesem verzauberten Ort herrscht.

die Stärkeren das Fleisch der Schwächeren verzehrt hatten. Auch heute noch soll man an unzugänglichen Stellen des Schlosses ihre Klagen vernehmen.

Und noch eine schauerliche Geschichte wird über den Grafen erzählt: Angeblich hat er in einem anderen Raum seinen Sohn eingeschlossen. Dieser, der als stark behaart und mit einigen nie enthüllten Missbildungen zur Welt gekommen gilt, ist heute bekannt als das Monster von Glamis, das ebenfalls immer wieder gesichtet wird.

Die Suche nach geheimen Räumen beschäftigt Gäste und Forscher seit Jahrhunderten. Während eines mittlerweile berühmten Empfangs wurden die geladenen Gäste gebeten, ein Tuch aus jedem Fenster zu hängen, das sie fanden. Danach versammelten sich alle außerhalb des Schlosses und stellten fest, dass aus sieben (andere Versionen berichten von zwei oder elf) Fenstern kein Tuch flatterte – es musste neben den fensterlosen Räumen also mindestens ebenso viele geheime Zimmer mit Blick nach draußen geben.

Das Schloss ist heute für die Öffentlichkeit zugänglich und kann besichtigt werden. Für Mutige werden auch Übernachtungen angeboten. Und wer eine Schwäche für Mysteriöses hegt, kann dem jahrhundertealten Fluch zum Trotz hier sogar Hochzeit feiern.

24–25 13 Türme, die in den Himmel ragen, und hunderte Räume, manche vielleicht noch immer unentdeckt: Die Architektur von Glamis Castle erzählt von einer langen Reihe baulicher Änderungen, Erweiterungen und Wiederaufbauten im Lauf der Jahrhunderte. Der große Turm im Ostflügel wurde 1435 angebaut.

26–27 Im Zimmer von König Malcolm ist es trotz vieler Versuche in den vergangenen Jahrhunderten nicht gelungen, den berühmten Blutfleck vom Boden zu entfernen. Das Billardzimmer zieren wunderschöne, seltene Wandteppiche aus dem 17. Jahrhundert.

27 oben Das Speisezimmer von Glamis Castle weist eine prunkvolle Vertäfelung aus edler englischer Eiche auf. Auch die Decke ist atemberaubend schön gestaltet.

27 unten In den königlichen Gemächern ist noch heute die Schlafzimmereinrichtung von Elizabeth Bowes-Lyon untergebracht, die auf Glamis Castle einen Teil ihrer Kindheit verbrachte.

28–29 Bei auf- oder untergehender Sonne präsentiert sich Stonehenge besonders eindrucksvoll: Die Lichtstrahlen, die zu bestimmten Jahreszeiten durch die Steinreihen einfallen, machen den *Cromlech* (Steinkreis) dann noch faszinierender.

28 unten Stonehenge übt bereits seit Jahrhunderten eine sehr große Faszination auf die Menschen aus – davon zeugt auch der Druck von Robert Havell senior, der im Jahr 1815 angefertigt wurde.

Stonehenge

(51°10'44"N  - 1°49'35"W)

EINES DER BERÜHMTESTEN MYSTERIEN DER WELT UMHÜLLEN DIE NEBEL EINER VERGANGENHEIT, IN DER NOCH SAGENUMWOBENE DRUIDEN LEBTEN

Mit dem vor 5000 Jahren in der Salisbury Plain errichteten Steinkreis von Stonehenge hält England zweifelsohne eines der größten Rätsel der Menschheit bereit. Dessen Name soll sich aus den englischen Begriffen *stone* (Stein) und *henge* (eine alte Form von *hung*, aufgehängt, hängend) ableiten und bedeutet demnach »die hängenden Steine«. Die Frage nach Ursprung und Funktion dieses Steinkreises beschäftigt die Forscher schon eine lange Zeit, und es existieren denn auch unzählige Abhandlungen, Bücher, Studien und Theorien zu diesem Thema.

Die in einem Kreis angeordneten Megalithen sind nach der Sommersonnenwende ausgerichtet, was an eine Verbindung mit altem astronomischem Wissen denken lässt. Aber es steckt noch viel mehr dahinter. Der bekannte Astronom und Mathematiker Fred Hoyle ging 1972 von der Theorie aus, der ganze Komplex sei ein ausgeklügelter astronomischer Rechner. Die 56 Löcher im Erdboden würden demnach die genaue Berechnung der Mondphasen ermöglichen; die Gräben sollen die Umlaufbahnen der Sonne und des Mondes darstellen, wie sie den Menschen aus der Vorzeit erschienen. Die Kenntnisse, von denen Hoyles Ansatz ausgeht, sind für eine vor 5000 Jahren existierende Kultur jedoch undenkbar. Stonehenge zeichnet sich nicht zuletzt durch besondere magische Kräfte aus. Die alten keltischen Druiden brachten hier einst ihre rituellen Opfer dar, und auch heute noch halten die Priester der Wicca-Religion und anderer heidnischer Glaubensrichtungen hier ihre okkulten Zeremonien ab. Im Übrigen wird Stonehenge auch mit König Artus und dem legendären Zauberer Merlin in Verbindung gebracht.

Ein altes Manuskript, das heute in der Bibliothek des *Corpus Christi College* in Cambridge aufbewahrt wird, zeigt den Steinkreis mit einer denkwürdigen Bildunterschrift: »Stonehenge, bei Amersbury in England. 483 v. Chr. brachte der Zauberer Merlin den Tanz der Giganten nach Stonehenge«. Der englische Geschichtsschreiber Geoffrey von Monmouth erzählt in seiner »Vita Merlini« (Das Leben Merlins) aus dem Jahr 1150, dass der kreisförmige Komplex – genannt *Chorea Gigantum*, der Tanz der Giganten – mithilfe riesiger Wesen aus Afrika bis zum Mount Killaraus in Irland gebracht wurde. Merlin hätte ihn dann durch Zauberhand das Meer überqueren und in der Salisbury Plain landen lassen: »… Der Zauberer Merlin brachte König Uther Pendragon, den Vater von König Artus, nach Stonehenge und sprach zu ihm: ›Dieses Monument wird von deinem und Emrys' Sieg zeugen. Du schuldetest es der Erinnerung an deinen Bruder. Aber du sollst wissen, dass man sagen wird, dass es der Tanz der Giganten ist und die Geister an diesem Ort zwischen den Steinen erscheinen und jede Nacht auf das Licht warten, das den Morgen entzündet und der Welt wieder Leben verleiht.‹«

Stonehenge markiert bei der Errichtung von Megalithbauten eine Wende: Hier wurden weltweit zum ersten Mal die Steine mithilfe einer »Zapfenverbindung« zusammengehalten. Die »Zapfenverbindung« ist eine Technik aus der Zimmerei, bei der eine Öffnung ein entsprechend geformtes Gegenstück aufnimmt. Ein solches Verfahren war eine wahre Revolution für die Zeit, in der man die Entstehung des Steinkreises vermutet.

Aber damit nicht genug: Die Anlage setzt sich zudem aus 43 (ursprünglich wohl 80 oder 90) so genannten *bluestones* (blauen Steinen) zusammen, so benannt nach der Farbe, die sie annehmen, wenn sie nass werden. Diese Felsblöcke wiegen jeweils mehr als eine Tonne und kommen in einem Umkreis von 240 Kilometern nicht vor.

Es muss Jahrhunderte gedauert haben, um Stonehenge zu schaffen: Die Steine dafür hatten eine lange Reise hinter sich, und man musste Menhire (große Monolithen) mit über 35 Tonnen Gewicht aufstellen. Dies alles bedurfte einer logistischen Organisation, die mehrere Generationen einbezog. Warum dieser immense Energieaufwand? Warum wurden die Steine von so weit her herangeschafft, und warum glaubte man an ihre Wunder bewirkende Kraft? Eine neue, fesselnde Hypothese wurde 2003 von Mike Parker Pearson, dem Leiter des *Stonehenge Riverside Project*,

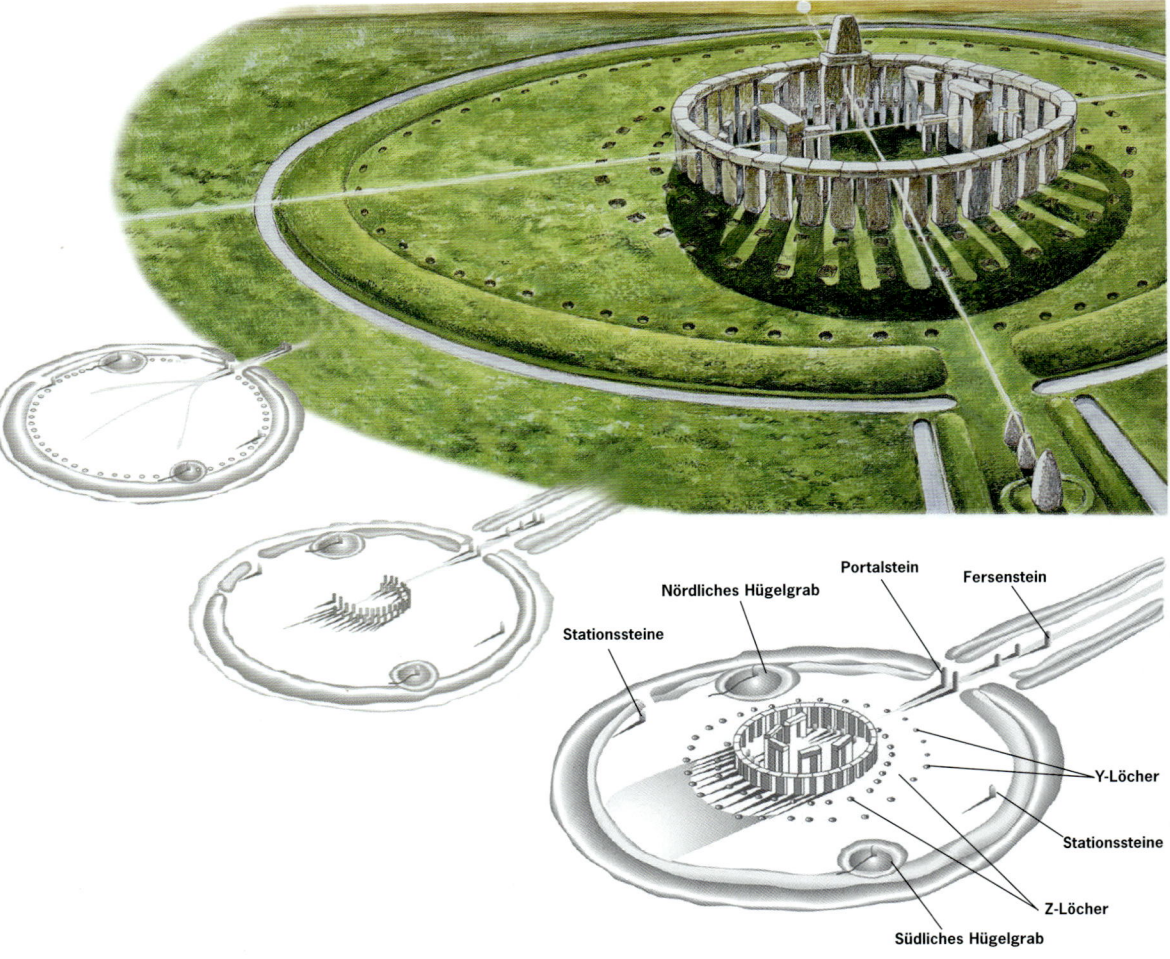

Stationssteine — Nördliches Hügelgrab — Portalstein — Fersenstein

Y-Löcher

Stationssteine

Z-Löcher

Südliches Hügelgrab

30 oben Es gibt verschiedene Rekonstruktionen des Steinkreises von Stonehenge. Die plausibelsten Theorien gehen von drei Bauphasen aus: Die erste begann 3100 v. Chr., die zweite ein Jahrhundert später, die letzte 2600 v. Chr. Verschiedene Völker nutzten diesen heiligen Ort wohl auf unterschiedliche Weise.

30–31 Wenn man den *Cromlech* zu Fuß durchschreitet, kann man aufgrund der Anordnung der Steine die Orientierung verlieren. Beim Blick von oben jedoch springt seine perfekte architektonische Anlage, die vor mehr als 5000 Jahren erdacht und begonnen wurde, sofort ins Auge.

aufgestellt. Die Messungen und Ausgrabungen, die von den fünf beteiligten Universitäten ausgeführt wurden, lenkten das Augenmerk auf die drei Kilometer entfernten Durrington Walls, einen Ring, etwa 20-mal größer als Stonehenge, mit runden Holzmonumenten im Inneren. Wie in Stonehenge verbindet ein Weg die Anlage mit dem Fluss Avon, doch während man in Stonehenge 52 Gräber gefunden hat, gibt es in Durrington Walls keine. All dies lässt annehmen, dass Stonehenge die Stadt der Toten und der Ahnen war, Durrington Walls hingegen die Stadt der Lebenden: Der Stein steht für das Verfestigen in der Ewigkeit, das Holz für den Verfall und die Vergänglichkeit des Lebens. Die Verbindung zwischen den beiden Stätten wird durch die Wege unterstrichen, welche sie am Fluss Avon miteinander vereinen: drei Kilometer Straße, flankiert von Gräben und Erdwällen – eine rituelle, metaphorische Prozession, geschaffen von genialen Menschen aus der Vorzeit, deren Gedanken wir noch nicht entschlüsseln können.

Die Rätsel von Glastonbury

(51.1481°N  2.7140°W)

BEFINDET SICH HIER DIE SAGENUMWOBENE INSEL AVALON?
IST DIES DER ORT, UM DEN DIE ARTUSSAGE KREIST?

Avalon, eine in vielen Sagen besungene Insel, ist bekannt als Wohnort des Zauberers Merlin, der Fata Morgana und von Viviane, der Herrin vom See. Hier soll auch König Artus begraben und möglicherweise sogar der Heilige Gral versteckt sein. Avalon ist ein geheimnisumwitterter Ort, der durch den Nebel den Blicken verborgen bleibt und nur in der Geschichte existiert. Wenn dem aber nicht so wäre? Wenn es Indizien gäbe, die auf eine andere, unglaubliche Geschichte hindeuteten?

Über Jahrtausende soll Avalon eine kreisförmige Insel in einem nicht sehr tiefen Binnenmeer gewesen sein, bestehend aus vier Hügeln, die von Eichen- und Ulmenwäldern und Holzapfelbäumen bewachsen waren. Einer der Hügel, »Tor« genannt, überragte die anderen mit seinen gut 150 Metern. Zwei Quellen sprudelten am Fuß dieses einzigen Teils der Insel, der sicht-

bar war, wenn der Nebel aufstieg. Im Laufe der Zeit verschwand die Insel aus der Geschichte und versank in ihren ewigen Nebeln im Reich der Sage.

Dennoch gibt es Menschen, die glauben, dass in Glastonbury, einer kleinen Stadt in der Grafschaft Somerset im Süden Englands, die Spuren ihrer tatsächlichen Existenz zu finden sind. Alle Elemente, die Avalon beschreiben, scheinen hier auf irgendeine Art vorhanden zu sein: Einem der Hügel von Glastonbury werden seit jeher magische Kräfte nachgesagt – es ist Tor. An seinen Hängen wurden vor Jahrhunderten sieben riesige konzentrische Terrassen und eine Reihe von Toren angelegt, die bis zum Turm der Kirche St. Michael's am Gipfel des Hügels reichen. Was dies bedeutet, ist noch nicht geklärt. Desweiteren gibt es hier zwei Quellen, die nur 50 Meter voneinander entfernt entspringen. Sie werden als *White Spring* und

32–33 Wenn der Nebel aufsteigt, der für Südengland so charakteristisch ist, scheint der Hügel von Glastonbury seine Verbindung mit dem umliegenden Land zu verlieren. Von weitem wirkt er dann wie eine fantastische, in den Wolken schwebende Insel und erinnert an die sagenumwobene Insel Avalon.

Blood Spring, weiße Quelle und Blutquelle, bezeichnet, nach der Farbe des Wassers, das auf einer Seite milchig-weiß und auf der anderen rötlich aus dem Boden sprudelt.

Der Überlieferung nach wächst auf jeder verzauberten Insel ein Apfelbaum, daher könnte der Name Avalon »Apfelgarten« bedeuten (Aballon = gälisch für Apfel). Neben Eiben, die hier einst sehr üppig wuchsen und dem Gebiet eine eindrucksvolle Atmosphäre verliehen, und Apfelbäumen gibt es in Glastonbury zwei berühmte Bäume, die verehrt werden: zwei alte Eichen namens Gog und Magog, die seit jeher den Beginn der Ortschaft Glastonbury markieren. Auf einer gedachten Linie, die sie mit dem Hügel Tor verbindet, geht zur Sommersonnenwende die Sonne auf – eine weitere Bestätigung für die Bedeutung der beiden Bäume. Im 18. Jahrhundert waren sie zudem Teil eines eichenbestandenen Druidenwegs.

Chalice Hill, ein weiterer Hügel bei Glastonbury, ist ebenfalls ein Bezugspunkt im Hinblick auf die Ausrichtung nach den Sonnenwenden. Der Legende nach hat Josef von Arimathia dort den Heiligen Gral versteckt. Aus seinem Wanderstab, den er in den englischen Boden rammte, soll außerdem der Heilige Dornbusch von Glastonbury ausgetrieben sein, ein Weißdorn, der heute noch zu Weihnachten und zu Ostern blüht und in der Tat einer Spezies angehört, die aus dem Heiligen Land stammt. Der letzte Abt von Glastonbury, Richard Whiting, hatte, bevor er von Soldaten König Heinrichs VIII. getötet wurde, angeblich seinen Mönchen einen Holzkelch anvertraut, der als »der kostbarste Schatz der Abtei« beschrieben wurde, damit er an einen sicheren Platz gebracht werde. Was zeichnete diesen Kelch aus? War es womöglich derselbe Kelch, der in Chalice Hill vergraben wurde, also der Heilige Gral?

34 Der Hügel von Glastonbury weist sieben große Terrassen auf, deren Zweck noch nicht geklärt ist. Es wird vermutet, dass sie einen Initiationsweg darstellen, der zum wahren Gipfel von Tor oder metaphorisch in den Himmel führt.

34–35 Die Kirche St. Michael's auf dem Gipfel des Hügels Tor wurde auf den Ruinen eines Forts aus dem 5. Jahrhundert n. Chr. errichtet, durch ein heftiges Erdbeben im Jahr 1275 zerstört, wieder aufgebaut und bis zur Auflösung der Klöster im Jahr 1539 genutzt. Der Turm, der heute über Glastonbury thront, wurde in der heutigen Zeit restauriert.

Nur ein wesentliches Merkmal fehlt, um Glastonbury mit Avalon gleichzusetzen: Glastonbury ist keine Insel. Vielleicht aber war es in der Vergangenheit eine solche. Der Name der Grafschaft lautet Somerset, »Land des Sommers«, wohl deswegen, weil sie einst im Winter wegen Überflutung unbewohnbar war. Das gesamte Gebiet soll über Jahrhunderte ein riesiger Sumpf gewesen sein, wie auch ein kürzlich entdecktes Pfahldorf beweist. Vor vielen Jahrhunderten erschien Glastonbury also wie eine vom Nebel umhüllte Insel – wie das geheimnisvolle Avalon.

Aber wo würde sich dann das Grab von König Artus befinden? Der englische Historiker Geoffrey von Monmouth berichtet nämlich in seiner »Historia Regum Britanniae«, dass König Artus in Glastonbury beigesetzt wurde. 1190 wurde ein Grab von König Artus entdeckt, nachdem ein gälischer Barde König Heinrich II. das Geheimnis von dessen Bestattung verraten hatte: Man hat es in Glastonbury in einem Graben neben der Saint Mary Chapel gefunden. Die Mönche fertigten sogar ein Kreuz aus Blei mit der lateinischen Inschrift »Hic iacet sepultus inclitus Rex Arturius in insula Avalonia« (Hier liegt der berühmte König Artus auf der Insel Avalon begraben) – eine Fälschung, die seit damals Tausende Pilger aus aller Welt anzieht, die Glastonbury besuchen und sich vorstellen, dass es sich um die im Nebel der Sage versunkene Insel Avalon handelt.

36 oben Bäume spielen eine wichtige Rolle in der Geschichte von Glastonbury: Neben dem
Weißdorn, auch als »Heiliger Dornbusch von Glastonbury« bekannt, der angeblich aus dem Wanderstab von Josef von Arimathia austrieb und zweimal im Jahr – zu Ostern und zu Weihnachten – blüht,
scheint eine alte Eiche der Überrest der legendären Bäume Gog und Magog zu sein. Diese gehör-
ten zum Druidenweg, der zum Glastonbury Tor führte.

36 unten Chalice Hill ist ein sanft geschwungener Hügel neben dem Hügel Tor. Viele Forscher
betrachten ihn als den von König Artus und den Rittern der Tafelrunde erwählten Ort, an dem der
Heilige Gral versteckt ist.

36–37 Die Abtei von Glastonbury zählt zu den eindrucksvollsten Orten Südenglands. Der Blick, der einst vom nördlichen Querschiff bis zum Chor reichte, trifft heute auf einige Ruinen, die zu Wahrzeichen des Gebiets geworden sind. Der Überlieferung nach könnten hier König Artus und seine Gemahlin Guinevere begraben sein.

Der Riese von Cerne Abbas

(50°48'49"N 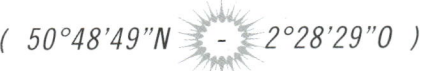 - 2°28'29"O)

EIN IN DEN KREIDEFELSEN GEMEISSELTES RÄTSEL,
SO GROSS WIE EIN GANZER ENGLISCHER HÜGEL

Die Grafschaft Dorset in Südengland ist die Heimat vieler großer Schriftsteller. Ihre sanft geschwungenen Anhöhen und die zauberhaften Felsküsten mit ihren einsamen, nostalgischen Leuchttürmen inspirieren seit Generationen Träumer und kreative Geister. Und die 95 Kilometer lange Jurassic Coast ist ein weltweit einzigartiges El Dorado für Geologen: Hier finden sich Fossilien aus allen Epochen, die wie ein monumentales Dokument aus Stein über die letzten 180 Millionen Jahre unseres Planeten berichten.

Auf einer der hiesigen Anhöhen, dem Hügel von Cerne Abbas, scheint sich zudem ein uraltes Rätsel erhalten zu haben. Bezeichnet wird es als »Riese von Cerne Abbas« oder »Rude Man« – eine in den Kreidefelsen geritzte Zeichnung eines imposanten nackten Mannes, der eine mächtige Keule schwingt. Die riesige, mit 30 Zentimeter tiefen und ebenso breiten Furchen in den Hügel eingeritzte Figur ist mit ihren 55 Metern Höhe und 51 Metern Breite von allen umliegenden Tälern aus zu erkennen. Und die Keule in der Faust des Riesen allein erreicht eine Länge von 37 Metern. Dass die beeindruckende Zeichnung bis heute in leuchtendem Weiß erstrahlt, ist dem Kreidefelsen zu verdanken, der sich unter der Erde des Hügels von Cerne Abbas befindet.

Wer hat diese Figur geschaffen? Wann hat man sie geschaffen? Und wer wurde hier dargestellt? Die Hauptdiskussion dreht sich um die Zeit der Entstehung. Ein Hinweis dazu könnte von einem anderen beeindruckenden Monument kommen: dem Hügel von Uffington. In seinen Boden sind nämlich mehr als einen Meter tief die Umrisse eines riesigen weißen Pferdes mit 114 Metern Länge eingegraben, und deren Entstehung wurde in die Bronzezeit datiert, also vor rund 3000 Jahren. Könnte der Riese etwa zur selben Zeit entstanden sein?

Die Technik würde dafür sprechen, aber das Problem sind die historischen Quellen. Der älteste Beweis für die Existenz des Riesen stammt erst aus dem Jahr 1694, als der Pfarrer von Cerne Abbass für drei Schilling die Reinigung und das erneute Einritzen der kolossalen Figur in den Kreidefelsen anordnete. Die Studie eines Archäologenteams aus dem Jahr 2008 hat jedoch ans Licht gebracht, dass ein Teil der alten Zeichnung offenbar verloren gegangen ist, denn ursprünglich habe der Riese in seinem linken Arm einen Mantel oder eine Tierhaut gehalten. Dieses Indiz hat die Fantasie angeheizt: Manche sehen darin die Bestätigung, dass die Zeichnung einen Jäger aus archaischen Zeiten darstellt. Andere meinen, dass es sich um die Lösung eines Rätsels handelt, das vor mehr als zwei Jahrhunderten abgebildet wurde: Bei der Haut über dem linken Arm könnte es sich nämlich um jene des legendären, unbesiegbaren nemeischen Löwen handeln, der von Herkules in der ersten seiner zwölf Aufgaben getötet wurde. Demnach wäre der Riese von Cerne Abbas also die Darstellung eines Helden aus der griechisch-römischen Mythologie. Dies lässt daran denken, dass das gesamte Werk eine Karikatur auf Oliver

Cromwell sein könnte, der von seinen Gegnern spöttisch »Herkules von England« genannt wurde; dann wäre der Auftraggeber für die Figur Baron Denzil Holles gewesen, der Eigentümer des Grundstücks und ein erbitterter Gegner Cromwells, und der Riese würde aus der Zeit der ersten englischen Revolution im 17. Jahrhundert stammen. Auf jeden Fall hat der Riese von Cerne Abbas von dem Zeitpunkt an, als er in den Hügel geritzt wurde, über die Gemeinde gewacht und ist so zu einem Teil der Folklore und der Sagen von Dorset geworden. Nur für eine kurze Zeit wurde seine Gestalt verdeckt, und zwar während des Zweiten Weltkriegs, da die Engländer den Piloten der deutschen Luftwaffe keinen so markanten Orientierungspunkt bieten wollten.

Heute wird die Figur von neuheidnischen Sekten verehrt, und rund um seinen erigierten Penis werden Fruchtbarkeitszeremonien für Kinderlose abgehalten. Viele Paare trotzen der Kälte in Vollmondnächten (und nicht zuletzt den englischen Gesetzen) und kopulieren auf dem Grasstück, das die Genitalien des Riesen bildet, da sie auf seinen uralten geheimnisvollen Segen hoffen.

39 Aus der Luft ist der majestätische Riese von Cerne Abbas zur Gänze zu erkennen. Es handelt sich um eine Art Monumentalfresko, das mehr als 50 Meter breit und ebenso hoch ist. Seine weiße Farbe ist dem Kreidefelsen zu verdanken, der sich unter der Erde des Hügels befindet. Die gigantische phallische Zeichnung ist gut 30 Zentimeter tief eingeritzt, damit sie dauerhaft sichtbar bleibt.

40–41 Nicht weit vom Riesen von Cerne Abbas entfernt findet sich das ebenfalls in einen Hügel geritzte weiße Pferd von Uffington. Aufgrund wissenschaftlicher Untersuchungen wird seine Entstehung auf die Zeit vor rund 3000 Jahren datiert. Nicht alle sind davon überzeugt, dass das prähistorische Tier ein Pferd darstellt, auch wenn man es gemeinhin als solches bezeichnet. Laut einer der interessantesten Hypothesen könnte es sich auch um einen mythologischen Drachen handeln.

Kreisgrabenanlage Goseck

(51°12'01"N - 11°51'51"O)

DAS ÄLTESTE SONNENOBSERVATORIUM DER WELT, DAS JE ENTDECKT WURDE UND DAS SOGAR ÄLTER IST ALS DAS SAGENUMWOBENE STONEHENGE

Sachsen, Ostdeutschland. Ein aristokratisches Land, reich an Schlössern, Bibliotheken und Pinakotheken. Eine feine, kulturell bedeutende Region. Ihr größter Schatz aber hat keinen Preis und passt in keine Sammlung. Denn er ist tief in die Erde gegraben und gilt als das älteste Observatorium Europas. Die Rede ist von der Kreisgrabenanlage von Goseck, benannt nach einem nahegelegenen Ort im Burgenlandkreis. 2003 wurde die Anlange der Öffentlichkeit zugänglich gemacht.

Sie setzt sich aus konzentrischen Gräben zusammen, die einen Kreis mit 75 Metern Durchmesser bilden. Darin öffnen sich zwei kreisförmige Palisaden zu drei präzise angeordneten Toren, mit denen die Bewegungen der Sonne und der Sterne verfolgt werden können.

Wer hat die neolithische Anlage geschaffen? Einige Funde auf dem Gelände deuten auf die Zeit um 5000 v. Chr. hin – gut 2000 Jahre vor der Entstehung von Stonehenge. Laut anerkannter Expertenmeinung verfügten die prähistorischen Menschen aber nicht über die mathematischen und astronomischen Kenntnisse, um Komplexe wie diese Kreisgrabenanlage zu errichten, und noch weniger, um einen solchen als Observatorium zu nutzen. Diese unglaubliche Stätte zwingt uns also, die Geschichte neu zu überdenken. Entdeckt wurde der Kreis 1991 von dem Luftbildarchäologen Otto Braasch, dem die ringförmigen Bodenverfärbungen auffielen. Ursprünglich bestand die Anlage aus vier konzentrischen Kreisen, einem Tumulus, einem Graben

und zwei mannshohen Holzpalisaden, die sich zu drei Torgruppen hin öffneten, von denen eine nach Südosten, eine nach Südwesten und eine nach Norden ausgerichtet war. Wer sich vor 7000 Jahren am Tag der Wintersonnenwende in die Mitte des Kreises gestellt hätte, hätte durch die beiden Tore an der Südseite den Sonnenaufgang und den Sonnenuntergang verfolgen können. Was das nach Norden gerichtete Tor anzeigte, ist noch nicht bekannt.

Aber noch sensationeller ist die Tatsache, dass Goseck nur die älteste und bedeutendste einer ganzen Reihe von prähistorischen Stätten in diesem Großraum ist, denn zwischen Deutschland, Österreich und Kroatien verstreut finden sich mehr als 200 ähnliche Anlagen. Diese heilige Stätte aus alter Zeit diente scheinbar nicht nur der Beobachtung des Himmels, sondern auch für Rituale, die von Priestern zelebriert wurden und die im Laufe der Jahrtausende verloren gegangen sind. Bei Ausgrabungen wurden menschliche Knochen und Skelette von enthaupteten Tieren zutage gefördert, die möglicherweise von Opferhandlungen an Gottheiten aus einer unbekannten Vergangenheit zeugen.

Und auch das ist noch nicht alles, denn die Entdeckung von Goseck scheint uns der Lösung eines anderen Mysteriums aus der Vergangenheit näherzubringen: jenes der Himmelsscheibe von Nebra. 1999 wurde in Steingräbern ein eigenartiger runder Metallgegenstand gefunden, eine Bronzeplatte mit 32 Zentimetern Durchmesser, auf der die Sonne, der Mond, eine Reihe von sieben Sternen (von einigen Forscher als die Plejaden identifiziert) und 23 weitere, nicht näher bestimmte Sterne eingeritzt sind. Außerdem sind drei Bögen dargestellt, von denen zwei die Bewegungen der Sonne beschreiben. Der dritte soll mit dem auf der Platte dargestellten Schiff zusammenhängen, das sich auf die alte Legende der Sonnenbarke beziehen könnte. Die Sonnenbarke brachte angeblich die Sonne nachts an ihren Platz zurück. Das Fundstück ist 3600 Jahre alt und gilt als die erste Sternenkarte der Welt – und der Hügel von Nebra liegt nur 25 Kilometer von der Kreisgrabenanlage von

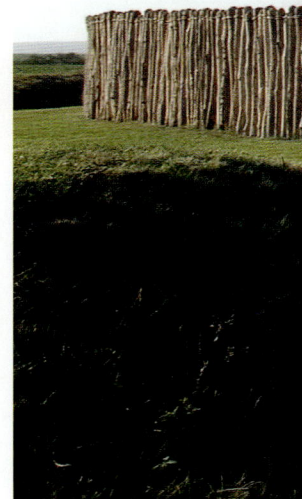

42 und 43 Die Kreisgrabenanlage von Goseck ist 7000 Jahre alt. Die rekonstruierte kreisförmige Anlage hat einen Durchmesser von 75 Metern und setzt sich aus zwei konzentrischen Palisadenringen aus Holz mit einer Höhe von 2,50 Metern zusammen, die sich zu drei Toren hin öffnen.

42–43 Es ist bis heute nicht geklärt, warum die Anlage von Goseck verlassen wurde. Archäologen haben verkohlte menschliche und tierische Überreste gefunden, die vermuten lassen, dass in diesem heiligen Kreis einst Opfer dargebracht wurden.

Goseck entfernt … Es ist also möglich, dass die rätselhafte Scheibe die Synthese aller Kenntnisse der geheimnisvollen Völker darstellt, die die Anlage von Goseck errichteten. Muss die Vorstellung von den »barbarischen« Völkern des Nordens, die den mediterranen Hochkulturen der Antike so stark unterlegen gewesen sein sollen, überdacht werden? Gibt es hier eine Geschichte, die wir nicht kennen? Die Antworten scheinen verborgen zu sein in 200 Kreisgrabenanlagen, die sich über Mitteleuropa verteilen.

Alignements von Carnac

(*47°5965°N* ✳ *3°0660°W*)

EINE STEINERNE »ARMEE« STEHT SEIT JAHRHUNDERTEN IN GESCHLOSSENER REIHE IN
DER BRETAGNE, ALS WOLLTE SIE EIN NOCH UNGELÜFTETES GEHEIMNIS SCHÜTZEN

In der Bretagne im Norden Frankreichs steht die größte Megalithanlage der Welt. Beinahe 3000 riesige Steine ragen hier aus dem Boden, teils kreisförmig, teils in geraden Reihen angeordnet – ein gigantisches Werk. Wer es geschaffen hat und zu welchem Zweck, ist ein bis heute ungelöstes Rätsel.

Die Steine sind bekannt als die »Megalithen von Carnac«, nach dem kleinen Ort inmitten dieser Steinformation. Das gesamte Gebiet blickt zweifelsohne auf eine sehr lange Geschichte zurück, die noch nicht ganz rekonstruiert ist. Einer der ältesten Steinbauten Europas, der Tumulus von Kercado, steht zwischen den Felsblöcken. Schon 10 000 v. Chr. müssen Fischer hier ihre Angehörigen bestattet haben. Die geheimnisvollen Monumente sind von unterschiedlichster Größe und Art. Neben eindrucksvollen Alignements (Reihen von Megalithen) kann man Ganggräber, Dolmen, einzeln stehende Menhire und kreisförmige Hügelgräber finden. Vom Tumulus St. Michel reicht der Blick über das gesamte Megalithenfeld bis hin zur wilden bretonischen Küste. Das Alignement von Le Ménec, an dessen Anfang sich ein riesiger *Cromlech* mit mehr als 100 Metern Durchmesser befindet, beeindruckt mit elf parallelen Monolithreihen; abgeschlossen werden sie von einem weiteren *Cromlech* mit 90 Metern Durchmesser. Nicht weit davon entfernt stehen zehn weitere Reihen aus Monolithen von unterschiedlicher Höhe: Dies ist das Alignement von Kermario, dessen Name mit »Ort der Toten« übersetzt werden könnte. Zwischen den verschiedenen Menhirformationen sticht der kolossale »Riese von Manio« hervor mit seinen beinahe sechs Metern Höhe. Die dritte große Steinallee ist schließlich jene von Kerlescan (oder über-

44–45 Das Alignement von Le Ménec besteht aus elf zusammenlaufenden Menhirreihen, die eine 100 Meter breite und mehr als einen Kilometer lange Fläche einnehmen. Am westlichen Ende befindet sich ein aus 71 Felsblöcken bestehender *Cromlech*. Der *Cromlech* am anderen Ende ist leider in zu schlechtem Zustand, um noch sinnvoll interpretiert werden zu können.

setzt »Ort der Einäscherung«), die nach Osten ausgerichtet ist und aus 13 parallelen Reihen aus 555 Steinen besteht. Insgesamt beeindrucken hier rund 3000 Menhire, die in Gruppen zu zehn oder mehr Reihen angeordnet sind, welche sich über eine Länge von mehr als drei Kilometern erstrecken. Viele davon sind verloren gegangen oder auch zerstört oder gar entwendet worden.

Die Theorien darüber, welche prähistorische Kultur all dies errichtet haben könnte, sind so zahlreich wie die Fantasien derer, die diesen Ort als heilig, magisch und reich an spiritueller Energie erachten. Laut Professor Alexander Thom soll die Anlage von Carnac eine überdimensionale astrologische Uhr darstellen, die von prähistorischen Menschen geschaffen wurde, um die Jahreszeiten und Mondphasen vorhersehen zu können. Wenn das stimmt, hätten diese Menschen

aus dem Neolithikum beachtliche geometrische, algebraische und natürlich astronomische Kenntnisse besitzen müssen. Das Zentrum soll der Monolith von Mané-er-Hroek – der »Stein der Feen« – gewesen sein, der heute in Trümmern liegt, nachdem er im 18. Jahrhundert von einem Blitz zerschmettert worden ist. Er war aus einem einzigen Granitblock geschaffen und wäre mit seiner Höhe von über 20 Metern in einem Umkreis von 13 Kilometern sichtbar gewesen. Wo auch immer auf dem Gelände der Steinalleen von Carnac man sich befunden hätte, wäre es möglich gewesen, ihn als Bezugspunkt heranzuziehen, um die Bewegungen des Mondes und der Sonne zu beobachten und Erscheinungen wie Mondfinsternisse vorherzusehen. Manche vertreten aber auch die Ansicht, dass das riesige Areal mit Tausenden Monolithen für einen solchen Zweck

46–47 Die Sonne, die über dem Alignement von Kermario aufgeht, lässt dessen interessante Struktur erkennen: eine 1120 Meter lange Straße aus 1029 Menhiren, die in zehn Reihen von sich schneidenden Geraden angeordnet sind. Kermario ist nur 400 Meter vom Alignement von Le Ménec entfernt. Sein bretonischer Name bedeutet »Dorf der Toten«.

überdimensioniert gewesen wäre. Eine weitere vielfach vertretene Hypothese geht von einer Gesellschaft mit ausgeprägtem Totenkult aus. Die ursprünglichen 5000 Steine könnten der Ahnenverehrung gedient haben, da sie an einem Ort mit besonders mystischer Aura standen, die – glaubt man den Aussagen von Anhängern des Neopaganismus – auch heute noch zu fühlen ist. Andere vermuten, dass es sich um ein riesiges heiliges Areal handeln könnte, in dem die Steinalleen die Zugangswege zu geweihten Zirkeln bildeten, in denen uralte, geheimnisvolle, heute in Vergessenheit geratene Zeremonien stattfanden. Eine nette lokale Legende schließlich besagt, dass die Alignements von Carnac die Überreste eines Kontingents römischer Legionäre darstellen, die durch Zauberhand versteinert wurden, um die Bretagne vor den Invasoren zu bewahren. Dies soll das Werk des heiligen Cornely gewesen, der in der katholischen Kirche jedoch nicht bekannt ist und dessen Kult möglicherweise auf einen Druiden aus diesem Gebiet zurückgeht.

47 Die größten Steine des Alignement von Le Ménec sind vier Meter hoch und liegen in der Nähe des westlichen Randes der Anlage. Die Felsblöcke werden danach immer niedriger, bis sie nur noch 60 Zentimeter hoch sind, um dann nach Osten hin wieder an Höhe zu gewinnen. Der Sonnenaufgang ist der beste Moment des Tages, um sie zu bewundern.

48–49 Auf der kleinen unbewohnten Insel Gavrinis in der Bretagne wurde ein geheimnisvoller Tumulus gefunden. Es handelt sich um eine steinerne Begräbniskammer aus dem Neolithikum. Im Gang der kreisförmigen Anlage mit 100 Metern Durchmesser finden sich 29 Steine mit symbolischen Ornamenten.

49 Heute zählt man noch 2943 Menhire in Carnac. Die größten sind bis zu sieben Meter hoch, die kleinsten erreichen nicht einmal ein Zehntel dieser Höhe. Welche Funktion sie wohl hatten?

Kathedrale von Chartres

(48°26'50"N - 1°29'16"O)

EIN ARCHITEKTONISCHES MEISTERWERK MIT EINDRUCKSVOLLEN SPUREN DER TEMPELRITTER UND DER SAGENUMWOBENEN BUNDESLADE

Im Jahr 1135 begannen Zisterziensermönche mit dem Bau der Kathedrale Notre Dame in Chartres, 95 Kilometer südwestlich von Paris. Ihre Konstruktion und ihr Grundriss sind einzigartig im Kontext der hochgotischen Architektur. Da Chartres die Zeitläufte praktisch unbeschadet überstand, musste auch seine Kathedrale nie verfälschende Reparaturmaßnamen oder sonstige dem Zeitgeist geschuldete Veränderungen über sich ergehen lassen. Die reine Architektur und Plastik der Hochgotik lassen sich an diesem Beispiel am besten studieren.

Über Bernard de Clairvaux steht der Zisterzienserorden in enger Verbindung zum Templerorden. Die Tempelritter verfügten neben zahlreichen anderen, teils geheimen Kenntnissen auch über das Wissen über den Bau von Kathedralen. Eines ihrer Ziele bestand darin, die Reliquien des Christentums zu sammeln und aufzubewahren. Auch hierbei könnte Chartres eine sehr wichtige Rolle gespielt haben.

Der erste Teil der Arbeiten an der Kathedrale von Chartres wurde 1240 vollendet, 105 Jahre nach Baubeginn; die Türme und andere Details fehlten zu diesem Zeitpunkt noch. Die feierliche Weihe erfolgte 1260.

Eine der erstaunlichsten Besonderheiten der Kathedrale ist das Labyrinth auf ihrem Fußboden. Die Anzahl der Steine, aus denen es sich zusammensetzt, entspricht der Anzahl der Tage, die eine menschliche Schwangerschaft dauert. Für viele Gelehrte stellt das Labyrinth einen Initiationsweg dar. Ihn von außen bis ins Zentrum zu durchschreiten bedeutet – metaphorisch –, spirituell zu wachsen und neu geboren zu werden. Der Weg, der sich ständig dem Ziel annähert und sich wieder davon entfernt, ist aber auch eine Allegorie dafür, wie verschlungen der Pfad zur Erleuchtung ist und wie oft der reale Wunsch, diese zu erreichen, auf die Probe gestellt wird. Die Weglänge des Labyrinths misst 261 Meter. Der Büßer musste sie auf Knien, mit einem Rosenkranz um den Hals und unter unaufhörlichem Gebet zurücklegen. Diesen Brauch kann man bisweilen noch heute beobachten, wenn spirituelle Gruppen die Kathedrale zur Sommersonnenwende am 21. Juni besuchen. Ein ähnliches Labyrinth findet sich auch in Alatri in der Nähe von Rom, nur weist dieses anstelle der Rosette von Chartres eine Christusdarstellung auf.

Auch alle Abmessungen von Chartres sind von Geheimnissen geprägt: Das große Hauptschiff mit seinen 74 Metern Länge kreuzt eine 37 Meter lange gedachte Linie, die den Chor durchquert. 74 plus 37 ergibt 111, eine Zahl, die auch an vielen anderen Orten der Tempelritter auftaucht und Chartres mit dem Castel del Monte in Apulien und der Cheops-Pyramide in Ägypten in Zusammenhang bringt. Alle diese großen Monumente liegen nämlich auf einer sie verbindenden Geraden, und bei allen dreien kehrt die Zahl 111 – gemeinsam mit den beiden gewählten Summanden 74 und 37 – in den architektonischen Elementen wieder. Das ist aber noch immer nicht alles. Die Fenster des Gotteshauses sind einzigartig, denn Chartres ist die einzige gotische Kirche, deren Originalfenster noch erhalten geblieben sind. Mit den 4000 abgebildeten Figuren stellen sie ein

50 Das herrliche Fenster, das nach Saint Apollinaire benannt ist, weist eine von den Erbauern absichtlich unbemalt gelassene Stelle auf. Genau zur Sommersonnenwende fällt hier ein Lichtstrahl ein, der durch einen besonderen schrägen, hellen Stein im Fußboden des Westschiffs reflektiert wird. Handelt es sich hierbei nur um ein Spiel des Planers oder um ein Rätsel, das es noch zu deuten gilt?

50–51 Die Kathedrale Notre Dame de Chartres ist gleich zweifach mit dem Licht verbunden: Neben dem Saint-Apollinaire-Fenster weisen auch die übrigen Fenster einen kleinen »Zauber« auf, denn unabhängig von den Lichtverhältnissen außerhalb der Kirche strahlen ihre Farben im Inneren von Tagesanbruch bis Sonnenuntergang immer mit derselben Intensität.

52 und 53 Das eindrucksvolle Nordportal der Kathedrale zeigt verschiedene Szenen aus dem Alten Testament und dem Leben Mariens. Eines der bewegendsten Bilder stellt Abraham dar mit seinem Sohn Isaak im Arm, den er zu opfern bereit ist. Die prachtvollen Statuen wurden zwischen 1205 und 1210 geschaffen. Das Portal wird aber auch Portal der Bundeslade genannt, da auf ihm die legendäre Bundeslade dargestellt ist.

54–55 Das Labyrinth gehört zu den größten Attraktionen der Kathedrale. Die Anzahl seiner Steine entspricht der Anzahl der Tage, die eine menschliche Schwangerschaft dauert. Das Labyrinth zu durchschreiten ist demnach eine Symbolhandlung, »um zu neuem Leben geboren zu werden«. Auch heute noch legen viele Männer und Frauen zur Sommersonnenwende die 261 Meter lange Wegstrecke des Labyrinths unter ständigem Beten zurück.

künstlerisches Meisterwerk und eine weltweit einzigartige Sammlung dar. Und auch ihr Licht trägt entscheidend zur magischen Atmosphäre der Kathedrale bei: Unabhängig vom Außenlicht scheinen die Fenster immer mit derselben Helligkeit zu strahlen, und auch die von ihnen erzeugte magische Aura im Kircheninneren wirkt stets unverändert, ob das von außen einfallende Licht nun gedämpft oder hell ist. Es wird vermutet, dass diese Wirkung auf ein Irisieren an der Außenseite des Glases und auf geheime Materialien zurückzuführen ist, die bei seiner Herstellung verwendet wurden. Ein weiteres Rätsel hat bis heute ebenfalls noch niemand entschlüsselt: Auf dem nach Saint Apollinaire benannten Fenster lässt eine kleine, unbemalte Stelle einen direkten Lichtstrahl von außen einfallen. Dies wäre nicht weiter bemerkenswert, würde der Strahl nicht genau am Tag der Sommersonnenwende im Westschiff den einzigen schrägen und – im Vergleich

zu den anderen – helleren Stein treffen. In diesem Stein ist zudem an genau diesem Punkt ein Plättchen aus vergoldetem Metall eingelassen, das durch den Lichtstrahl zum Funkeln gebracht wird. Was bedeutet das? Was bedeutet in einer an Symbolen und Metaphern reichen Kathedrale, in der nichts dem Zufall überlassen wurde, dieses ausgeklügelte Spiel alter Baukunst? Bisher konnte es noch niemand erklären.

Manche glauben auch, dass das große Geheimnis von Chartres um die legendäre Bundeslade kreist. An einer Säule am Nordportal der Kathedrale ist nämlich die Lade mit ihrem heiligen Inhalt bildhauerisch dargestellt. Gleich darunter steht eine Inschrift in mittelalterlichem Latein: »Hic amittitur archa cederis«, die man als »Hierher wurde die Lade geschickt« interpretieren kann. Möglicherweise geschah dies durch den Templerorden. Ob sie noch unter der Krypta der geheimnisvollen Kathedrale Notre Dame de Chartres vergraben ist?

Geheimnisse der Päpste

(41°54'8"N - 12°27'12"O)

Der Vatikan, das Herz des katholischen Christentums, liegt zwischen den Straßen und Palästen der Ewigen Stadt. Er ist der kleinste unabhängige Staat der Erde, steht aber unzweifelhaft im Mittelpunkt der Geschichte. Seine prächtigen, mit Meisterwerken der Kunst verzierten Gebäude und die darin aufbewahrten Reliquien lassen an die spirituelle – und profane – Macht denken, die diese Stätten seit Jahrhunderten verströmen, aber auch an Intrigen und verborgene Geheimnisse in den unendlichen vatikanischen Bibliotheken, die von den höchsten religiösen Würdenträgern eifersüchtig gehütet werden. Eines der unglaublichsten Kapitel ist in diesem Zusammenhang die von einem Heiligen ausgesprochene Prophezeiung über das Ende der katholischen Kirche, die Prophezeiung des Malachias. Die beklemmendste Stelle darin lautet: »Während der scharfen Verfolgung der heiligen römischen Kirche wird Petrus, ein Römer, regieren. Er wird die Schafe unter

vielen Bedrängnissen weiden. Dann wird die Siebenhügelstadt zerstört werden, und der furchtbare Richter wird sein Volk richten. Ende.«

Die Legende berichtet, dass Malachias eine Vision von allen Päpsten hatte, die von jenem Tag an den Heiligen Stuhl besteigen würden. Dies geschah bereits 1148, aber die Manuskripte wurden erst 1595 in der vom Benediktinermönch Arnold Wion verfassten »Prophetia de summis pontificibus« veröffentlicht. Es handelt sich um eine Liste von 112 Päpsten, in der jedem Papst ein kurzer lateinischer Kommentar zugeordnet ist, der sich auf seine Wahl bezieht. Die Liste beginnt mit Coelestin II. und scheint genau mit Benedikt XVI. zu enden. Wie genau war die Liste bisher? Sehen wir uns einige Beispiele an.

Der erste Papst auf der Liste, Coelestin II., wird mit dem Spruch »Ex castro Tiberis«, angekündigt, der übersetzt »Aus einem Schloss am Tiber« bedeutet. Der Papst stammte in der Tat aus Città di Castello, der bedeutendsten Stadt Umbriens im oberen Tibertal. Für Lucius II. lautete der Spruch dagegen »Inimicus expulsus«, das heißt »Der vertriebene Feind«; der bürgerliche Name des späteren Papstes lautete Caccianemici »Verjage die Feinde«. Der berühmte Coelestin V. wurde dagegen mit dem Spruch »Ex eremo celsus« (»Aus der Einsiedelei erhoben«) angekündigt; Pietro da Morrone war ein Eremit. 1978 besteigt Albino Luciani den Heiligen Stuhl, dessen Pontifikat jedoch nur 33 Tage dauert. Für ihn hatte Malachias vorausgesagt: »De medietate lunae«. Einige interpretieren diese Aussage als »Von der Hälfte des Mondes«, also genau die Dauer seines Pontifikats. Die folgenden 27 Jahre stehen dagegen im Zeichen des Pontifikats von Johannes Paul II., für den die Voraussagung »De Labore Solis«, »Die Bedrängnis der Sonne«, lautete. Manche interpretieren die Weissagung so, dass Karol Wojtyla jener Papst war, der die meisten Länder bereiste und der Kirche eine territoriale Präsenz verlieh, über der die Sonne niemals untergeht.

Für den letzten Papst lautet die Weissagung von Malachias »Gloria Olivae«. Eine mögliche Interpretation im Hinblick auf Papst Benedikt XVI. ist noch verfrüht und unklar. Viele glauben jedoch an einen Zusammenhang mit dem Ölbaum, dem Symbol des Friedens. Benedikt XVI. ist der letzte Papst, dem

56 Auf der Pala d'Oro im berühmten Markusdom in Venedig
ist der Prophet Malachias dargestellt, der das Ende der katholischen Kirche vorhersagt.

56–57 Die Geheimnisse des Vatikans befeuern seit jeher
abenteuerliche Fantasien – vor allem die im Geheimarchiv ver-
wahrten Dokumente, die rätselhafte Prophezeiungen enthalten.

ein prophezeiender Spruch gewidmet ist. Danach sollte die Zeit
von Petrus dem Römer anbrechen und mit ihm, wie erwähnt,
das Ende der katholischen Kirche. Es könnte sich um einen
römischen Priester, einen in Rom tätigen Kardinal oder auch um
einen Papst handeln, der den Namen Petrus II. annimmt.
Ausgehend von dieser letzten Hypothese würde Petrus II., so wie
Petrus von Jesus mit der Gründung der Kirche beauftragt wurde,
die Kirche an Christus wieder zurückgeben. Ein Kreis, der sich
perfekt schließen würde, vorausgesetzt, man schenkt den Weis-
sagungen eines Heiligen Glauben.

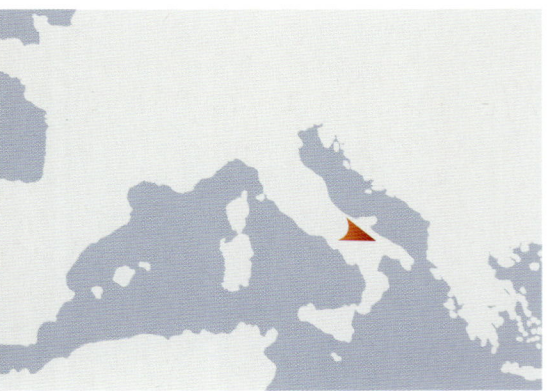

Castel del Monte

(41°5'5"N - 16°16'16"O)

IN SÜDITALIEN, AUF HALBER STRECKE ZWISCHEN FRANKREICH UND ÄGYPTEN, STEHT EIN MAJESTÄTISCHES UND UNBEGREIFLICHES BAUWERK

Castel del Monte ist eines der geheimnisvollsten Schlösser der Welt; es steht auf einem 465 Meter hohen Hügel und liegt auf einer imaginären Linie, die Jerusalem mit Rom verbindet. Im Jahr 1200 gehörte dieses Gebiet zum Heiligen Römischen Reich, das damals unter der Herrschaft Kaiser Friedrichs II. stand. »Stupor Mundi«, »Das Staunen der Welt«, nannte man ihn, aber auch Castel del Monte birgt einige Rätsel. Der Zeitraum seiner Errichtung wird zwischen 1230 und 1240 vermutet, und niemand weiß genau, wozu es diente. Warum hatte es keine Ringgräben und Zugbrücken zur Verteidigung? Und warum fehlten Räumlichkeiten, um Garnisonen, Küchen und Lagerräume unterzubringen? Manche meinen, es handele sich um ein Jagdschloss, von dem der Herrscher zu Jagdausflügen aufbrach. Aber für diesen Zweck wäre es vielleicht ein zu aufwendiger Bau gewesen. Viele sind auf jeden Fall der Ansicht, dass Friedrich II. es nach einem sehr genauen geheimen Plan erbauen ließ. Hier scheint nichts dem Zufall überlassen worden zu sein, angefangen von der Wahl des Standorts. Verortet man das Castel del Monte auf einer imaginären Linie, die die Kathedrale von Chatres mit der Cheops-Pyramide verbindet, liegt es ungefähr auf halber Strecke. Kann es sich um einen Zufall handeln, wenn man bedenkt, dass das Schloss von diesen drei Bauwerken zuletzt errichtet wurde? Das ist aber noch nicht alles. Der Grundriss des Schlosses ist achteckig und hat acht Türme mit ebenfalls oktogonalem Grundriss. In jedem der beiden Geschosse gibt es acht Räume, deren Fenster auf den gleichfalls achteckigen Innenhof blicken. In seiner Mitte befand sich ursprünglich ein Becken, das acht Seiten aufwies. Auf dem Außenportal und bei den Eingängen zu den diversen Räumen sind verschiedene Blumenmotive in Achtergruppen dargestellt. In Achtergruppen angeordnete Blütenblätter zieren auch die Kapitelle in den Räumen, und auch in sonstigen Details des Bauwerks taucht die Zahl Acht immer wieder auf. Castel del Monte scheint der Acht gewidmet zu sein. Warum?

Friedrich II. fühlte sich von der Kultur des Orients angezogen. Obwohl er an der Spitze des Heiligen Römischen Reichs stand, wurde er zweimal exkommuniziert und führte Krieg gegen päpstliche Truppen. Doch damit nicht genug: An seinem Hof, der sich durch beispiellosen Prunk auszeichnete, verkehrten Poeten, Magier und Alchimisten. In der Esoterik stellt das Achteck die Figur dar, die Himmel und Erde verbindet. In den alten Baptisterien, die üblicherweise einen achteckigen Grundriss aufweisen, erinnert diese Form an die besondere Beziehung zwischen einem Neugeborenen und Gott.

Es gibt aber noch eine weitere Zahl, die sich wiederholt und eine Verbindung zwischen Apulien und dem alten Ägypten

58–59 Wenn man Castel del Monte von Weitem betrachtet, fallen seine einzigartigen Merkmale sofort ins Auge: Warum weist ein so imposantes Schloss keine Verteidigungsanlagen auf? Warum steht es schutzlos auf dem Gipfel eines Hügels, und wo sind die Räumlichkeiten für Garnisonen und Personal?

58 Initiale mit Friedrich II., König von Sizilien; Miniatur aus einer Chronik aus dem Jahr 1344. Er stammte aus der Familie der Hohenstaufen und war Nachkomme der Dynastie der Altavilla. Bekannt war er als »Stupor mundi« oder »Puer Apuliae« – »Staunen der Welt« beziehungsweise »Kind Apuliens«.

60–61 und 61 Der gesamte Aufbau von Castel del Monte zeugt von einem offensichtlichen Faible für Geometrie. Von oben und vom Hof aus betrachtet ist das doppelte Achteck deutlich zu sehen, das für den gesamten Bau kennzeichnend ist. Überdies haben auch die acht Türme, die das Schloss umgeben, einen achteckigen Grundriss, und jedes Stockwerk verfügt über acht Räume.

herzustellen scheint. Die Zahl 111, in ägyptischen Ellen angegeben, scheint eine der Schlüsselzahlen der Großen Pyramide zu sein, gemeinsam mit ihren beiden Summanden 74 und 37 (dieselben Zahlen wiederholen sich auch oft in der geheimnisvollen Kathedrale von Chartres). Die Summe der Breite der sechs sichtbaren Fassaden von jedem der acht Türme von Castel del Monte beträgt 37 ägyptische Ellen, die Summe der Länge der Wände des Hofs entspricht 111 ägyptischen Ellen.

Aber Friedrich II. verwendete nicht nur die Lieblingszahlen der Ägypter, sondern ließ sich auch von deren Baumethoden inspirieren. Denn an bestimmten Tagen zeigen die Schatten ganz präzise Punkte an. Dazu kommt noch, dass Friedrich II. am 26. Dezember 1194 geboren wurde und 56 Jahre alt wurde; sechs, die Anzahl der Fassaden, multipliziert mit acht, der Anzahl

der achteckigen Türme, ergibt 48; diese Zahl addiert mit acht, der Anzahl der Außenmauern, ergibt 56, dies entspricht der Anzahl der Lebensjahre des Kaisers.

Einfache Zahlenspiele, vielleicht. Aber viele glauben, dass die imposante Konstruktion eine enorme Schatzkammer war, die zur Aufbewahrung des sagenumwobenen Heiligen Grals errichtet wurde. Das ganze Schloss soll angeblich den legendären verlorenen Kelch symbolisieren. Kurz vor seinem Tod im Jahr 1250 verlangte Friedrich II., die Kutte der Zisterzienser anzulegen. Derselbe Orden ließ die Kathedrale von Chartres errichten, und auch die Tempelritter ließen sich von ihm inspirieren. Für manche stellt dies ein weiteres Indiz dafür dar, dass die heilige Reliquie im grandiosen Schloss des Kaisers gewesen oder dort sogar noch immer verborgen ist.

Am Hof von Dracula

(45°30'54"N  25°22'2"O)

IN TRANSSILVANIEN GIBT ES VERSCHIEDENE ORTE ZWISCHEN GESCHICHTE UND SAGE, DIE SCHAUPLATZ DER GRAUSAMKEITEN VON FÜRST VLAD WAREN

Dracula ist ein Symbol des Schreckens, das vom irischen Schriftsteller Bram Stoker im Jahr 1897 geschaffen wurde. Seit dem Tag seiner Veröffentlichung haben viele Forscher versucht, die realen Spuren seiner Geschichte zu verfolgen. An welcher Person ist die Figur von Stokers Vampir inspiriert? Und gibt es sein unheimliches Schloss wirklich?

Der Vampir ist eine der ältesten Figuren der Mythologie. In Babylonien, Ägypten, Südamerika – in beinahe allen Zivilisationen – gibt es Hinweise auf Kreaturen aus dem Reich des Todes, die Jagd auf die Lebenden machen. Aber warum wählte Stoker gerade Rumänien als Handlungsort für seinen Roman? Die Antwort könnte in einer einzigartigen Kombination verschiedener Faktoren liegen: unberührte Natur, uralte Städte und ein blutrünstiger Herrscher. Rumänien ist ein sehr geheimnisvolles Land, vielleicht das rätselhafteste Europas. Und hier ist Dracula nicht nur der Name einer Romanfigur, sondern auch der eines Mörder aus Fleisch und Blut. Die Rede ist von dem berüchtigten Adeligen Vlad III. Draculea, der im 15. Jahrhundert lebte. Er trug den Spitznamen Vlad Tepes – »der Pfähler« – und war der Sohn von Vlad Dracul. Letzterer gehörte dem Drachenorden Sigismunds von Luxemburg an, dessen Mitglieder lange, schwarze Mäntel und rote Kapuzen trugen. Die Assoziation mit dem Bösen resultierte aus dem Umstand, dass »drac« im Rumänischen auch Teufel bedeutet.

Vlad wurde angeblich um 1431 in Schäßburg geboren, eine der am besten erhaltenen mittelalterlichen Festungen Europas und oft als »Perle Transsilvaniens« bezeichnet. Sein angebliches Geburtshaus trägt heute den Namen »Casa Dra-

cul« und ist durch ein Schild mit einem Drachen gekennzeichnet. In seinem Inneren birgt es ein mittelalterliches Fresko, welches das einzige bekannte Porträt von Vlad III. Draculea darstellt. Drei Türen weiter ist in einem riesigen Glockenturm ein Museum untergebracht, in dem einige von Vlads bevorzugten grauenvollen Folterinstrumente ausgestellt sind. Von den Schreckenstaten des Adligen berichtete man bereits in der Mitte des 15. Jahrhunderts. Er war ein Fürst der Walachei, einer Region im heutigen Rumänien, und bereits zu Lebzeiten berüchtigt als blutrünstiges Monster. Die Kunde von seinen Taten breitete sich im Lauf der Zeit immer weiter aus. Bekannt war er als Vlad der Pfähler. Diese besonders grausame Hinrichtungsart hatte er von den Türken übernommen und wendete sie auch gegenüber seinen politischen Gegnern an. Zwischen der von Stoker erschaffenen Figur des Dracula und Vlad III. gibt es also tatsächlich zahlreiche Parallelen.

Die Walachei war das Reich Vlad Draculeas und vielleicht auch jenes eines echten Vampirs. Heute verfällt Tgovite, die ehemalige Hauptstadt und Vlad Draculeas Festung. Der imposanteste Teil, der noch steht, ist der von Vlad errichtete Chindia-Turm. Möglicherweise plante er hier einige seiner blutrünstigsten Aktionen. Die Gefangenen, denen er die Pfählung ersparte, mussten die unheimliche Burg Poienari in 80 Kilometern Entfernung erbauen. Es handelte sich um ein ehemaliges Fort, das Vlad zu einer Zitadelle für sich umbauen wollte und das als »Zitadelle des Fürsten der Finsternis« bezeichnet wurde.

Bram Stoker hat die gesamte Handlung am Borgo-Pass angesiedelt, einer sehr alten Straße in einer traumhaften

62–63 Bei Anbruch der Dämmerung
erwachen die Fantasie und die düsteren
Legenden Transsilvaniens. Die Architektur von Schloss Bran stimmt überein mit
den Beschreibungen des Wohnsitzes von
Dracula, der berühmten, von Bram Stoker geschaffenen Vampirgestalt. Der
umliegende Wald unterstreicht die düstere Aura dieses Ortes noch.

64 Das Schloss Bran thront über der Stadt Braşov. Tagsüber wirkt es mit seinen charakteristischen Dächern beinahe wie ein Märchenschloss, ganz anders als bei Nacht. Das Bauwerk erhebt sich auf den Überresten einer Burg des Deutschen Ritterordens. Der derzeitige Bau geht auf das Jahr 1377 zurück.

65 Das berühmteste Porträt von Vlad III. stammt aus dem Jahr 1560 und befindet sich auf Schloss Ambras in Innsbruck. Es handelt sich um eine Kopie des Originalporträts, das noch zu Vlads Lebzeiten entstand. Der sagenumwobene Fürst der Walachei, auch als Vlad Tepes (»Vlad der Pfähler«) bekannt, kam am 2. November 1431 in Schäßburg zur Welt und starb wahrscheinlich am 16. Dezember 1476 in Giurgiu.

Gebirgsgegend in den Südkarpaten. Die kahlen Berge am Horizont erzeugen eine unheimliche Atmosphäre. Vom Schloss des Grafen Dracula am Borgo-Pass, von dem Bram Stokers Geschichte erzählt, gibt es aber in Wahrheit keine Spur. Die Beschreibung ähnelt dagegen der Architektur des nahen Schlosses Bran, das sich über der gotischen Stadt Braşov (Kronstadt) erhebt. Am Tag wirkt es wie eine verzauberte Burg, in der Nacht scheint es dagegen ein düsteres Nest zu sein. Die enge Treppe und der angrenzende Wald erzeugen bei vielen Menschen Gänsehaut. Heute steht Schloss Bran unter Denkmalschutz. Es wurde 1377 auf den Überresten einer ehemaligen Ordensburg des Deutschen Ritterordens errichtet. Einige Details entsprechen jedoch nicht Draculas Refugium, wie es Stoker beschreibt. Es fehlt zum Beispiel der große Fluss in der Nähe seines Schlosses. Sicher haben die dichten Wälder und die wilde Landschaft Transsilvaniens Stokers Beschreibung von Draculas Reich beeinflusst. Welches aber Draculas Schloss ist und wo sich das echte Grab von Vlad Tepes befindet, ist nach wie vor ein Geheimnis.

AVEIDA·DVX·WAL

66 oben, unten und 67 Schloss Bran zählt, ob es nun wirklich der von Bram Stoker beschriebene Wohnsitz von Dracula war oder nicht, zweifelsohne zu den schönsten Schlössern Europas und zieht Jahr für Jahr Tausende Touristen an. Sie sind alle auf den Spuren der düsteren Legende des blutsaugenden Grafen. Man kann durch die langen Laufgräben gehen und die Räumlichkeiten besichtigen, in denen einst der Hofstaat von Vlad III., Woiwode der Walachei, untergebracht war. Seine imposanten Türme sind durch Dutzende Gänge verbunden, die auch als Munitionsdepots dienten. Heute befinden sich hier eine erlesene Kunst- und Möbelsammlung, Einrichtungsgegenstände der Königin Maria sowie Waffen und Rüstungen aus der Zeit zwischen dem 14. und dem 19. Jahrhundert.

68 oben und unten Vlad Tepes wurde 1431 im dreigeschossigen Wohnhaus in Sighisoara, Piata Muzeului 6, geboren. Sein Geburtshaus mit dem charakteristischen Originalfußboden aus Flusssteinen beherbergt heute ein bekanntes Bierlokal und ein Restaurant. Die Räumlichkeiten von Casa Dracul können besichtigt werden. Der Vater Vlads III. wurde im Jahr der Geburt seines Sohnes von Kaiser Sigismund mit dem Drachenorden ausgezeichnet.

68–69 Târgoviște war eine der Residenzen von Vlad Tepes. Seine Büste steht noch heute in der Nähe der Ruine. Im Chindia-Turm, den Vlad III. errichten ließ, informiert eine Dauerausstellung über die Grausamkeiten des Walachenfürsten.

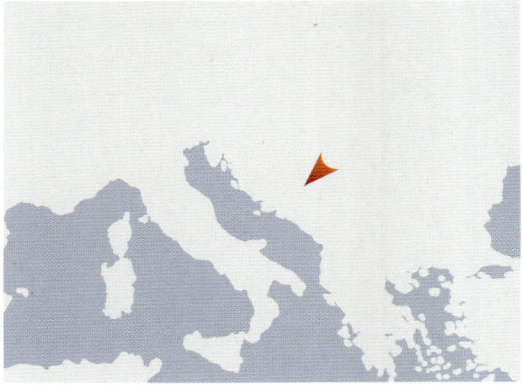

70–71 Das Gebiet um Visoko könnte eine alte heilige Stätte sein. Die Vertreter dieser Hypothese gehen davon aus, dass es hier sieben Pyramiden gibt. Die drei größten wurden als Mond-, Sonnen- und Drachenpyramide bezeichnet und sind so angeordnet, dass sie die Scheitelpunkte eines perfekten gleichschenkligen Dreiecks bilden. Unter dem Hügel von Kriz vermutet man die Mondpyramide.

Pyramiden von Visoko

(43°59'33"N - 18°10'21"O)

UNTER DREI GRÜNEN HÜGELN IN BOSNIEN-HERZEGOWINA SOLLEN DIE GRÖSSTEN PYRAMIDEN EUROPAS VERBORGEN SEIN

Im Herzen von Bosnien-Herzegowina, wenige Kilometer von der Hauptstadt Sarajevo entfernt, ragen drei Hügel auf, die seit Jahren Anlass zu hitzigen Debatten unter Archäologen geben. Der bosnisch-amerikanische Geschäftsmann Semir Osmanagić behauptete im Jahr 2005, er habe die größten und ältesten antiken Pyramiden der Welt entdeckt. Jeder der drei Hügel um den kleinen Ort Visoko wäre demnach eine kolossale Pyramide, die seit Jahrhunderten von der Vegetation überwuchert wird. Ausgrabungen sind in diesem Gebiet nicht einfach, einerseits wegen der ablehnenden Haltung der akademischen Welt gegenüber Osmanagićs Hypothese, andererseits, weil der Bürgerkrieg in den 1990er-Jahren Minenfelder auf den Hügeln hinterlassen hat. Das Gelände wurde in »Tal der Pyramiden« umbenannt, die aufgetauchten archäologischen Funde als Sonnen-, Mond- und Drachenpyramide bezeichnet.

Die Sonnenpyramide soll, sobald sie vom Hügel »gelöst« ist, 220 Meter hoch sein und damit höher als die Cheops-Pyramide in Ägypten. Osmanagić behauptet weiter: »Es handelt sich um den größten Komplex, der jemals auf unserem Planeten errichtet wurde. Im Tal von Visoko stehen drei große, viereckige pyramidenähnliche Bauten. Die Konstruktion der ägyptischen Pyramiden erfolgte genau nach diesen Kriterien. Uns muss der Beweis gelingen, dass diese Monumente von Menschenhand geschaffen wurden. Die auf dem Areal gefundenen Steinblöcke sind aus Zement von ausgezeichneter Qualität, besser als jener, der heute erzeugt wird. Die Tatsache, dass er Tausende Jahre überdauert hat, zeigt, dass es sich um hochwertiges Material handelt.« Damit nicht genug: Aus Satellitenaufnahmen geht hervor, dass in den Hügeln tatsächlich einige pyramidal angelegte Bauten verborgen zu sein scheinen, die nach den Kardinalachsen ausgerichtet sind.

Aber sollte sich unter der bosnischen Erde tatsächlich der größte jemals gefundene Monumentalbau befinden, stellt sich die Frage, wer ihn geschaffen hat und wann. Es gibt keine Spuren von Kulturen, die in der Lage gewesen wären, derartige Monumente in jener Zeit zu errichten, in der die Funde möglicherweise datiert werden können, nämlich um

10 000 v. Chr. Dazu meint Osmanagić: »Mit dem Fortschreiten unserer geologischen und archäologischen Forschungen stoßen wir auf immer mehr Indizien, die dafür sprechen, dass diese gewaltigen Monumente von Menschenhand geschaffen worden sind. Die riesigen Sandsteinplatten sind eindeutig von Menschen bearbeitet. Das würde meiner Meinung nach selbst ein fünfjähriges Kind erkennen. Unter einer rund einen Meter dicken Erdschicht haben wir herrliche Sandsteinplatten in perfekter Anordnung gefunden. Aus den Materialanalysen geht außerdem hervor, dass es sich um ein haftendes Verbindungsmaterial handelt, das auch an der Sonnen- und an der Mondpyramide gefunden wurde. Das bedeutet, dass die drei bosnischen Pyramiden von einer Hand geschaffen wurden und dabei dasselbe Haftmaterial zum Einsatz kam.«

Die drei Hügel erheben sich außerdem an den Scheitelpunkten eines gleichschenkligen Dreiecks, was eben auch eine wohl durchdachte architektonische Anordnung vermuten lässt. Und das seien nicht die einzigen Indizien, wie Osmanagić erklärt: »Als wir die Wände und Terrassen dieser Monumente freizulegen begannen, haben wir auf der Mondpyramide eine überaus interessante rechteckige Struktur entdeckt. Es ist zu erkennen, dass diese beiden Pyramiden zusammen mit der Drachenpyramide so angeordnet sind, dass sie ein Dreieck bilden und voneinander jeweils 2,2 Kilometer entfernt sind. Wie hoch ist die Wahrscheinlichkeit, dass die Natur diese drei Hügel geschaffen hat, die dasselbe Muster, vier Seiten, eine dreieckige Form, eine flache Spitze, eine perfekte Ausrichtung an den Kardinalpunkten und eine Position haben, die ein gleichschenkeliges Dreieck bildet? Meiner Meinung nach ist das vollkommen unwahrscheinlich. In der Nähe der Pyramidenspitze finden wir erneut Sandstein vor. Die Position der Sandsteinplatte ist vertikal, und, wie wir wissen, die Natur ordnet die Dinge nicht vertikal an.«

Die Fachwelt konnte Osmanagić mit seinen Hypothesen nicht überzeugen. Vielmehr gibt es Stimmen, die die Befürchtung äußern, durch unsachgemäße Grabungen könnten archäologisch bedeutsame Stätten zerstört werden.

72 Der Orakeltempel von Delphi, der ursprünglich Gaia geweiht war, steht am Hang des Parnass. Die alten griechischen Legenden berichten, dass auf seinem Gipfel die Hochzeit zwischen Himmel und Erde stattfand, zwischen Uranos und Gaia. In den Metamorphosen beschreibt Ovid den Gipfel dieses Bergs als den »einzigen Ort der Erde«, der während der von den Göttern verursachten Sintflut »vom Wasser nicht überflutet werden konnte«.

73 Auf einer Kylix – der typischen griechischen Weinschale aus Keramik aus dem 6. bis 5. Jahrhundert v. Chr. – ist der athenische König Ägäos dargestellt, während er das Orakel von Delphi und Pythia befragt. Die Macht des Orakels war praktisch grenzenlos, da sich auch fremde Fürsten seinen Prophezeiungen beugten.

Das Orakel von Delphi

(38°29'N - 22°30'O)

HERRSCHER UND HEERFÜHRER DER ANTIKE KAMEN DORTHIN, UM SICH IHRE ZUKUNFT PROPHEZEIEN ZU LASSEN

D ie im 7. Jahrhundert v. Chr. errichtete Stätte galt als »Omphalos«, als Nabel der damals bekannten Welt. Die Geschichte berichtet, dass Zeus sie erwählte, weil dort zwei Adler gemeinsam landeten, die er von zwei entgegengesetzten Punkten der Erde in die Lüfte entsandt hatte. Der Reisende, vor dem sich plötzlich das Tal von Delphi auftut, kann sich der mysteriösen Präsenz der antiken Gottheiten an einer der berühmtesten heiligen Stätten der Welt und einem der größten Zentren des Griechentums nicht entziehen.

Omphalos ist der Name des (heute im Museum von Delphi aufbewahrten) Steins, neben dem die Apollos Priesterin in die Zukunft sah. Die in zahlreichen Varianten existierenden Mythen über das Orakel von Delphi bergen viele Geheimnisse. Welchen Ursprung hat vor allem der Name? Homer berichtet, der Gott Apollo sei in Gestalt eines Delfins (griech. *delphis*) auf ein aus Kreta kommendes Schiff gesprungen und habe die Matrosen gezwungen, in Krissa, dem Hafen unterhalb von Delphi, anzulegen und seine Priester zu werden. Eine andere Version weiß von einer Prophetin der Gaia namens Delphyne/Dafne zu berichten, der Apollo die Kunst der Weissagung entriss, indem er ihren Tempel entweihte, sie tötete und so die Kunst der Weissagung in seinen Besitz brachte. Plutarch, der griechische Historiker und Priester der heiligen Stätte von Delphi zur Zeit der römischen Herrschaft, berichtet über ein altes Ritual, das sich auf diesen Mythos zu beziehen scheint. In seinem Werk über die erloschenen Orakel schreibt er: »Alle neun Jahre wurde über den Schwellen des Tempels von Delphi eine Hütte aufgestellt, die einer königlichen Wohnstätte nachempfunden war, und man täuschte einen nächtlichen Angriff vor. […] Der Tisch, auf dem das Frühobst und Gemüse ausgebreitet war, wurde umgestoßen, die Hütte in Brand gesteckt, und die Männer mit ihren Fackeln entfernten sich, ohne sich umzudrehen. Danach begab sich der junge Mann, der den Angriff angeführt hatte, nach Tempe, um sich reinzuwaschen, und kehrte triumphierend

mit einem Lorbeerkranz auf dem Kopf und einem Lorbeerzweig in der Hand zurück.«

Der Mythos berichtet, dass der erste Orakeltempel aus Bienenwachs und Vogelfedern bestand, der zweite aus Farnen, der dritte aus Lorbeerzweigen. Der vierte schließlich sei von Hephaistos aus Bronze mit goldenen Vögeln auf dem Dach angefertigt worden, während der fünfte aus Stein war, aber während eines Brands zerstört und später in seiner ursprünglichen Form wieder aufgebaut wurde.

Sicher ist, dass an diesem sagenumwobenen Ort bereits ab dem 14. Jahrhundert v. Chr. – gut sechs Jahrhunderte vor der Errichtung des Tempels – eine weibliche Gottheit verehrt wurde. Sie ist in Form zahlreicher Statuen verewigt, die man in den tieferen Schichten der Ausgrabungen von Delphi gefunden hatte. Ein Tempel zu Ehren von Gaia, der Mutter Erde, wurde dann von den Kretern gegründet. Hellenische Völker, die von Norden einwanderten, ersetzten in Delphi den Kult der Mutter Erde durch den Apollokult.

74–75 Kastalia war in der griechischen Mythologie eine Nymphe, die sich auf der Flucht vor dem werbenden Apollo in eine Quelle in Delphi gestürzt haben soll. Wer von diesem Quellwasser trank oder dessen Rauschen vernahm, sollte vom Geist der Poesie inspiriert werden. Die Quelle ist übrigens auch der Geburtsort der Pythischen Spiele, da an diesem Ort einst auch die Schlange Python getötet worden sein soll.

75 Der im Apollotempel gefundene Stein Omphalos wird im Archäologiemuseum von Delphi aufbewahrt. Viele glauben, dass es sich um eine Nachbildung des Steins handelt, der sich im Adyton, dem »unzugänglichen Raum«, befand. Nach jüngsten Theorien soll er sich jedoch an der Spitze der »Säule der Tänzerinnen« befunden haben. Das Relief zeigt das Wollflechtwerk, das den Omphalos bedeckte.

In der Zeit der großen Kolonisation befragte jeder Stadtstaat das Orakel von Delphi, um zu erfahren, ob und wann Eroberungsfeldzüge beste Erfolgsaussichten hatten. Jede bedeutende Stadt errichtete in Delphi ihren Thesaurus, ein Gebäude zur Darbringung von Opfergaben, und überbot sich dabei in Großzügigkeit. Die überaus wertvollen Opfergaben bestätigen die Ergebenheit der Städte und der einzelnen Gläubigen gegenüber dem Orakel. Auf diese Weise entwickelte sich der Apollotempel in kurzer Zeit zu einer internationalen Beobachtungswarte und bestimmte durch sein machtvolles Priesterkollegium maßgeblich die damalige Außenpolitik.

Die Macht des Orakels war enorm, denn es vermochte, Konflikte zu schlichten und Kriege auszulösen. Durch Einatmen der Dämpfe, die aus der Erdspalte austraten, in der die mythische Schlange Python getötet wurde, oder durch Kauen von Lorbeerblättern (der Apollo geweihten Pflanze) geriet Pythia, die Prophetin des Gottes, in Trance und sprach in seltsamer, wirrer Orakelsprache ihre Prophezeiungen aus. Diese fielen in aller Regel zweideutig aus und bedurften der Interpretation, die durchaus falsch sein konnte.

Krösus, der König von Lydien, opferte Edelmetalle in beeindruckender Menge, als er das Orakel befragte, ob ein Feldzug gegen den König von Persien ratsam sei. Pythia prophezeite, dass er nach der Überquerung des Flusses Halys ein großes Reich zerstören werde. Krösus war von der Antwort so begeistert, dass er vergaß zu fragen, um welches Reich es sich handelte, und begann den Krieg. Das Reich, das fiel, war sein eigenes.

76–77 Das Heiligtum der Athena Pronaia ist sicherlich das eindrucksvollste Bauwerk der gesamten Anlage. Der dorische Tempel mit mehr als 4,5 Meter hohen Säulen wurde im 6. Jahrhundert v. Chr. errichtet. Im Jahr 373 v. Chr. wurde der Tempel durch ein heftiges Erdbeben zerstört.

77 oben Das Theater von Delphi wurde im 4. Jahrhundert v. Chr. erbaut. Dank der bemerkenswerten Renovierungsarbeiten durch Eumenes II. von Pergamon im Jahr 160 v. Chr. kann man es heute noch bewundern. Das antike Theater wurde auf einem Hügel errichtet, um es den Zuschauern zu ermöglichen, die Aussicht auf das gesamte Heiligtum und das darunter liegende Tal zu genießen. In seinen 35 Reihen fanden bis zu 5000 Personen Platz.

77 unten An diesem Ort fragte Chairephon, ein Schüler des Sokrates, das Orakel, ob sein Meister der weiseste von allen sei. Pythia antwortete, dass kein weiserer Mensch als Sokrates existiere. Erst nach langen Meditationen und Forschungen verstand Sokrates den Sinn der göttlichen Antwort, die anscheinend sehr bestürzend war: Er war der Weiseste, weil »er wusste, dass er nichts wusste«.

Atlantis

(*36°23'17"N* — *25°27'35"O*)

ZWISCHEN DEM VON PLATON BESCHRIEBENEN VERSCHWUNDENEN KONTINENT UND DER HERRLICHEN INSEL SANTORIN KÖNNTE ES VERBINDUNGEN GEBEN

Atlantis, das ist der Mythos aller Mythen. Die Sage berichtet, dass eine sehr alte und hoch entwickelte Kultur vor jeder anderen bekannten Zivilisation auf unserem Planeten existiert haben soll. Sie sei in einer dramatischen Naturkatastrophe untergegangen, die ihren Kontinent auslöschte und alle Relikte für immer versenkte. All unser Wissen soll von jenen Kenntnissen herrühren, die uns die sagenumwobenen Bewohner von Atlantis vermitteln konnten.

Der Name Atlantis wurde von Platon geprägt. In zwei seiner berühmten Dialoge wird die legendäre Kultur erwähnt. Im »Timaios«, der um 360 v. Chr. verfasst wurde, steht geschrieben: »Vor einer engen Mündung, die die Säulen des Herkules heißt, gab es eine Insel. Und diese Insel war größer als Asien und Libyen zusammen, und von ihr konnte man damals zu den anderen Inseln hinübersetzen, und von den Inseln auf das ganze gegenüberliegende Festland. [...] Später aber [...] entstanden gewaltige Erdbeben und Überschwemmungen, [...] und da versank während eines schlimmen Tages und einer schlimmen Nacht [...] ebenso die Insel Atlantis, indem sie im Meer unterging.« In den Schriften Platons ist auch eine genaue Beschreibung der Hauptstadt zu finden: »[...] die Gegend um die Stadt her dagegen durchweg als eine Ebene, welche dieselbe umschloss, ihrerseits aber wieder ringsherum von Bergen eingeschlossen wurde, die sich bis zum Meer hinabzogen, und zwar als eine ganz glatte und gleichmäßige Fläche, die in ihrer Gesamtausdehnung eine längliche Gestalt hatte, indem dieselbe nach der Seite zu 3000 Stadien [ca. 555 km], in der Mitte aber vom Meere aufwärts nur 2000 [ca. 370 km] betrug [...] etwa 50 Stadien [9 km] erhob sich durchwegs niedriges Gebirge. [...] Die Insel selbst, auf welcher die Königsburg stand, hatte fünf Stadien im Durchmesser [knapp 1 km].« Im Zentrum der Hauptstadt von Atlantis stand der imposante, mit Silber verkleidete Poseidontempel, in dem sich die majestätische Statue des Meeresgottes mit seinen Schlachtrössern befand, die so hoch wie der Tempel und ganz aus Gold war.

Dieser Text beflügelt seit mehr als 2000 Jahren die Fantasien und wirkt als treibende Kraft für die größte Schatzsuche auf unserem Planeten, weil Platon als glaubwürdiger Autor gilt und seine Texte damals auch als historische Realität betrachtet wurden; dies zeigt sich beispielsweise beim Philosophen Krantor von Soloi, der den ersten Kommentar zum Werk Platons verfasste.

Seit damals suchte man die vor 11 000 Jahren verschwundene Insel Atlantis überall auf der Erde – auf den Gipfeln der bolivianischen Hochebene, auf dem ozeanischen Rücken des Atlantiks, in den Wüstengebieten Südspaniens, in den Unterwasserruinen im Japanischen Meer, auf den Gletschern der Antarktis und sogar in den Gewässern der Karibik. Atlantis ist überall – wie alle Archetypen, die räumlich und zeitlich voneinander entfernte Kulturen und Völker durchziehen. Die Nachfahren Platons neigen am ehesten der Theorie zu, wonach Atlantis in Griechenland liegt, und zwar im Archipel der Kykladen im Gebiet der ursprünglich Thira, auf der heute Santorin genannten Insel. Es handelt sich um eine der eindrucksvollsten Inseln der Welt, Überrest eines Vulkans, dessen stärkster Ausbruch den ganzen Mittelmeerraum zerstört haben soll. Aber an dieser Theorie gibt es ein Problem. Durch die Explosion von Thira wurden um die 18 Kubikkilometer Magma in den Himmel geschleudert. Die Datierung der Funde, die diesem tödlichen Lavaregen ausgesetzt waren, setzt die Eruption – ziemlich präzise – um das Jahr 1456 v. Chr. an. Derselbe Zeitpunkt wurde vom Geologen Angelo Galanopulos angenommen, der den Vulkanausbruch sogar mit verschiedenen biblischen Ereignissen in Verbindung brachte, wie mit der Teilung des Roten Meeres und vor allem mit den drei Tagen der Dunkelheit. Dies stimmt aber nicht mit den von Platon beschriebenen 9000 Jahren überein. Galanopulos geht von einem möglichen Übertragungsfehler aus: Wenn es 900 anstelle von 9000 Jahren wären, würde alles wie in einem komplizierten Puzzle endlich zusammenpassen. Atlantis wäre das alte Santorin gewesen. Aber das ist nur eine der vielen Hypothesen, an denen Forscher aus der ganzen Welt arbeiten. Die Jagd auf den versunkenen Kontinent geht weiter. Und vielleicht ist es kein Zufall, dass die dritte Weltkonferenz über Atlantis 2011 auf Santorin abgehalten wurde.

78–79 und 80–81 Die Caldera, der durch die Vulkanexplosion entstandene Einbruchskessel, ist hier zu erkennen. Von dieser Naturkatastrophe war möglicherweise der ganze Mittelmeerraum betroffen – dabei soll auch die legendäre Insel Atlantis versunken sein.

79 Athanasius Kircher war einer der größten Gelehrten des 17. Jahrhunderts und Experte für Wissenschaft, den Orient und ägyptische Hieroglyphen. Im Jahr 1665 veröffentlichte er eine Landkarte, auf der die sagenumwobene Insel Atlantis im Atlantik angesiedelt war.

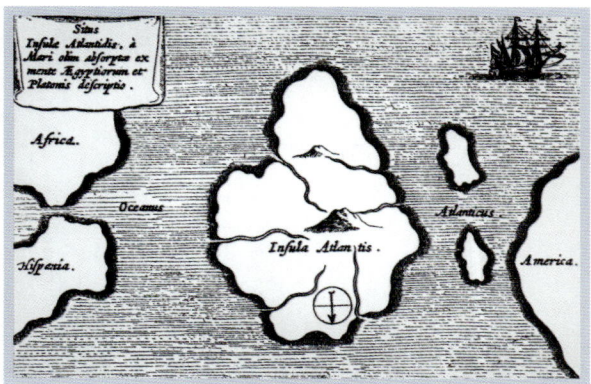

Der Palast von Knossos

(35°17′52″N — 25°9′46″O)

THESEUS, ARIADNE, DAIDALOS UND DAS UNGEHEUER MINOTAURUS: DIE GRÖSSTEN GRIECHISCHEN MYTHEN »TANZEN« UM DIE RUINEN EINES KRETISCHEN PALASTS

Kreta, die größte griechische Insel, liegt im Herzen des Mittelmeers. Nahe der Hauptstadt Heraklion gibt es eine sagenumwobene Stätte. Die Rede ist vom Palast von Knossos, in dem einst der Minotaurus, eine riesige Kreatur mit menschlichem Körper und Stierkopf, gefangen gehalten worden sein soll.

Der Palast ist ein prächtiges Beispiel der minoischen Kultur, die ab dem 3. Jahrtausend v. Chr. auf Kreta blühte. Die Palaststadt geht auf den Beginn des 16. Jahrhunderts v. Chr. zurück und wurde 1900 im Zuge der Ausgrabungsarbeiten des englischen Archäologen Arthur Evans freigelegt. Der ließ jedoch die früheren Strukturen renovieren und rekonstruieren und überdeckte dabei auch die Originalmalereien. Von der antiken Anlage, die sich aus 1400 Räumen auf einer Fläche von 22 000 Quadratmetern zusammensetzte, kann man heute den Prozessionsweg, die Lagerräume mit antiken Amphoren, den Tempel, die Königsgemächer und den Thronsaal mit dem Marmorthron besichtigen.

Der Palast von Knossos hat einen der in unserer Kultur beständigsten Mythen geschaffen, der in Kunstwerken und in der Literatur vielfachen Ausdruck gefunden hat: das Labyrinth. Zahllose Mythen sind mit diesem Begriff verbunden. Es gibt sie in jeder Kultur, in jedem Winkel unseres Planeten. Warum scheint dieser Archetypus seit jeher und überall die Menschen zu beschäftigen? Und wozu brauchte Knossos ein Labyrinth? War der gesamte Palast das Labyrinth des Mythos – eine Art Gefängnis, um den Minotaurus darin einzuschließen? Oder könnte es sich um einen riesigen Tempel handeln? Und was ist wahr am Mythos des Minotaurus?

Die ganze Geschichte der Insel Kreta kreist um den Stier: Stierdarstellungen finden sich beispielsweise auf den Fresken von Knossos und auf archäologischen Fundstücken, auf denen junge Menschen über galoppierende Stiere springen. Auf Münzen, die in Knossos gefunden wurden, ist ein Labyrinth abgebildet und in dessen Zentrum eine Darstellung, die manche als Stierhörner, andere als Mondsicheln deuten. Nach einem klassischen Mythos verwandelt sich Zeus in einen Stier, um die schöne Europa zu rauben und nach Kreta zu entführen. Mit ihr zeugt er drei Söhne, einer von ihnen ist Minos.

Minos wird vom kretischen König adoptiert und folgt ihm nach seinem Tod auf den Thron. Poseidon hilft ihm, den Wettkampf um die Nachfolge zu gewinnen, und lässt einen herrlichen weißen Stier aus dem Meer auftauchen. Minos ist jedoch von der Schönheit des Tieres so überwältigt, dass er sich weigert, ihn zu opfern, wie er es Poseidon versprochen hatte. Der Meeresgott rächt sich, indem er bewirkt, dass Minos' Ehefrau sich in den Stier verliebt. Aus der Vereinigung der beiden entspringt Asterios, genannt Minotaurus, ein blutrünstiges Ungeheuer mit menschlichem Körper und Stierkopf, das sich von Menschenfleisch ernährt. Der König beauftragt Daidalos, ein Gefängnis für ihn zu errichten. Auf diese Weise entsteht das Labyrinth mit engen, verschlungenen Wegen, aus dem man nicht mehr herausfindet. Der gefangene Minotaurus wird mit Opfern gefüttert, die aus Athen gesandt werden. Die Opferung erfolgt alle neun Jahre, aber beim dritten Mal ist neben den zu Opfern auserkorenen sieben Jungfrauen und sieben Jünglingen auch der

82 Theseus' Sieg über den Minotaurus zählt zu den ältesten griechischen Mythen. Das kretische Reich des Minos und das von Daidalos geschaffene Labyrinth werden auch von Homer erwähnt. Der Sieg des Helden über das Ungeheuer wird über Jahrhunderte auf hellenischen Kunstgegenständen gefeiert.

82–83 Wenn man den zentralen Hof des Palasts von Knossos betritt, kann man das Fresko eines galoppierenden Stiers bewundern. Um es besonders lebendig wirken zu lassen, haben die antiken Meister den feuchte Gips vor dem Trocknen modelliert und bemalt.

84 oben und unten Im südlichen Areal des Palasts von Knossos befindet sich ein eindrucks-volles Propylon, ein Zugangstor zu der Anlage. Die monumentalen Eingänge mit Portikus entsprachen den vier Kardinalpunkten; die südlichen Eingänge ermöglichten den Zutritt zur Herrschaftsetage des Palasts über eine seitliche Treppe. Bei der von Arthur Evans durchgeführten Renovierung wurde die einzige Holzsäule durch eine Stahlbetonsäule ersetzt, die heute noch zu sehen ist.

85 Die freigelegten Ruinen in Knossos erzählen die Geschichte eines Palasts aus dem Jahr 1900 v. Chr., der zwei Jahrhunderte später durch ein Erdbeben zerstört wurde. Der zweite Palast soll angeblich durch den verheerenden Ausbruch des Vulkans von Santorin eingestürzt sein, der sich um 1550 v. Chr. ereignete. Neben dem berühmten Palast des Minos sind auch die Häuser der Priester und die Wohnungen des Volks zu sehen.

junge athenische Held Theseus dabei, der bereits den weißen Stier Poseidons besiegt hat, nachdem dieser in Griechenland eine Spur der Zerstörung hinter sich gelassen hatte.

Theseus gewinnt das Herz Ariadnes, der Tochter des Minos, und betritt mit ihrer Hilfe – im Gepäck den berühmten Faden, der ihm hilft, den Rückweg zu finden – das Labyrinth, tötet den Minotaurus und befreit die Geiseln. Wovon zeugen diese Mythen? Zum Teil geht es um rituelle Kämpfe zwischen dem König gegen Tiere: Stier, Löwe, Skorpion, Schlange, den Symbolen der Jah-

reszeiten. Der Kampf bedeutete den Sieg der Macht des Königs über die Jahreszeiten. Auf der anderen Seite erinnern die Menschenopfer, die Minos Athen auferlegt, an die Hegemonie der Kreter im Mittelmeerraum. Die offene Struktur des Palasts ohne Verteidigungsmauern zeugt von der Gelassenheit eines Königs, der keine Angriffe vom Meer fürchtet. Gefahren konnten nur im Landesinneren lauern – vielleicht in der legendären unterirdischen Krypta, die als Gefängnis des furchtbaren Ungeheuers Minotaurus identifiziert wurde, ob es nun tatsächlich oder nur in der Vorstellung existierte.

86–87 Der Raum mit den Fresken in der Herrschaftsetage des Palasts von Knossos birgt außergewöhnliche Kunstwerke. Die Zeichnungen lassen ägyptischen Einfluss erkennen, der auf den intensiven Handel zwischen Ägypten und Kreta zurückzuführen ist. Im Gegensatz zur ägyptischen Kunst waren die Fresken jedoch den als göttlich verehrten Tieren gewidmet, wie der Schlange oder dem Stier.

87 oben und unten Der Thronsaal ist einer der am besten erhaltenen Räume des Palasts von Knossos. Hier steht an der Nordwand ein Alabastersitz, der als Thron identifiziert wurde und Namensgeber für den Raum ist. An den übrigen drei Seiten des Raums sind Gipsbänke aufgestellt, während sich vor dem Thron eine Wanne befindet, die als Becken für Reinigungszeremonien gedient haben dürfte. All dies lässt vermuten, dass der König, der diesen Raum nutzte, auch priesterliche Funktionen wahrnahm.

88–89 Die majestätische Cheops-Pyramide hat vier perfekt an den Kardinalpunkten ausgerichtete Seiten. Die Fehlerabweichung beträgt nur zwei Winkelminuten, weniger als eine Hundertstelsekunde bei einer Uhr mit Zeigern – ein unglaubliches Resultat für ein Volk, das laut offizieller Geschichtsschreibung nur über rudimentäre arithmetische Kenntnisse verfügte.

89 Der altägyptische Name des Pharaos Cheops ist Chufu. Als Cheops überliefert hat ihn Herodot. Eigentlich müssten wir den Erbauer der Großen Pyramide »Achet Chufu« nennen (»Leuchtend ist Chufu«). Er war der Sohn von Snofru, und seine Herrschaft war laut Herodot von grausamer Macht gekennzeichnet. Seine sterblichen Überreste wurden nie gefunden.

Die Cheops-Pyramide

(29°58'45"N - 31°8'3"O)

»DER MENSCH HAT ANGST VOR DER ZEIT. ABER DIE ZEIT
HAT ANGST VOR DEN PYRAMIDEN.« (ALTES ARABISCHES SPRICHWORT)

Die Cheops-Pyramide ist möglicherweise das am meisten erforschte, bekannte und besuchte Bauwerk der Welt und das einzige der legendären sieben Weltwunder, das die Jahrhunderte bis zum heutigen Tag überdauert hat. Sie steht in der Ebene von Gizeh unweit der Stadt Kairo neben der rätselhaften Sphinx und zwei kleineren Pyramiden, der Chephren- und der Mykerinos-Pyramide. Die Archäologie bestätigt, dass sie während der 4. Pharaonendynastie erbaut wurde und das Grabmal des Pharaos Cheops ist. Aber es gibt viele Menschen, die ganz andere Theorien aufgestellt haben. Die mit Abstand heftigsten Diskussionen entstanden durch den Umstand, dass diese der 4. Dynastie zugeordneten Pyramiden deutlich höher sind als die vorhergehenden und vor allem auch als die nachfolgenden. Man ist also innerhalb einer überschaubaren Zeit von einer höher entwickelten zu einer weniger anspruchsvollen Bauweise zurückgekehrt. Eine Entwicklung und ein Rückschritt, die schwierig nachzuvollziehen sind. Da außerdem allein für ihren Bau mehr als 100 000 Menschen nötig gewesen wären, um 2,5 Millionen Steinblöcke in einem Zeitraum von rund 30 Jahren zu verarbeiten – wie konnten die anderen Pyramiden der 4. Dynastie in der kurzen Regierungszeit ihrer Pharaonen errichtet werden?

Ursprünglich war die Cheops-Pyramide über 145 Meter hoch (heute erreicht sie 137 Meter) und 230 Meter breit. Sie besticht nicht nur durch ihren majestätischen Anblick, sondern auch durch ihre unglaubliche Präzision. Ihre Längenunterschiede betragen nur 0,1 Prozent, und die vier Seiten sind perfekt an den vier Kardinalpunkten ausgerichtet. Das bedeutet, dass die Abweichung nur die Hälfte jener beträgt, die heute beispielsweise beim Bau der Sternwarte in Paris erreicht wurde.

Auch ihre Position scheint nicht zufällig gewählt worden zu sein: Die Große Pyramide steht nämlich am Schnittpunkt eines Meridians und eines Breitenkreises, die dasselbe Merkmal verbindet, nämlich dass sie über den größten Teil der Festlandsmasse verlaufen. Zumindest im Hinblick auf die Festlandsmasse ist sie tatsächlich das Zentrum der Erde. Auch ihr Gewicht ist symbolträchtig. Ihre 5,273 Millionen Tonnen entsprechen, multipliziert mit einer Milliarde Tonnen, dem Gewicht der Erde. Überdies hat man auch herausgefunden, dass die Verhältnisse ihrer Abmessungen mit der Kreiszahl Pi zusammenhängen, was man aber erst viele Jahrhunderte nach ihrer Erbauung erkannt hat.

Die Debatten über die Cheops-Pyramide kreisen um viele Fragen: Von wem wurde sie erbaut? Mit welcher Technik? Wenn sie wirklich nur ein Grabmal ist, warum befindet sich der Pharao nicht darin? Welche andere Funktion kann sie gehabt haben? Gibt es einen Bezug zu den Sternen? Welche Geheimnisse birgt sie noch in ihrem Inneren? Im kolossalen Innenbereich der Pyramide wurden nämlich nur zwei Kammern gefunden, und zwar eine schmucklose, kahle und die so genannte »Königskammer«, die den vermutlichen Sarkophag und eine umstrittene Inschrift birgt, die es den Archäologen ermöglicht hat, die Pyramide Cheops zuzuordnen. Aber der als Sarkophag bezeichnete Behälter ist leer, und damit nicht genug: Er wurde aus einem einzigen Granitblock gefertigt und ist größer als der Eingang zur Kammer. Sein Außenvolumen entspricht exakt dem doppelten Innenvolumen – eine Präzision, die mit den

90 links Es ist noch nicht geklärt, ob die Zugänge wirklich in die Königs- und Königinnenkammer führen. Ihre Abmessungen und die atypische Struktur der Wände lassen daran denken, dass sie aufgefüllt und versiegelt werden sollten.

90 rechts In der Kammer im Inneren der Pyramide steht ein Granitsarkophag ohne Deckel, der für Pharao Cheops bestimmt gewesen sein könnte.

90–91 Der große Gang in der Pyramide ist 46 Meter lang. Da er an der Basis rund zwei Meter breit ist und sich gen Spitze auf gerade einmal einen Meter Breite verengt, diente er möglicherweise lediglich als Arbeitsschacht.

Werkzeugen, die vor 5000 Jahren zur Verfügung standen, wohl schwer zu erzielen war. Der Ingenieur und Buchautor Christopher Dunn behauptet, dass die Herstellung dieses Sarkophags mit heutigen handelsüblichen Werkzeugen nicht möglich wäre. Welche Werkzeuge verwendeten die alten Ägypter? Warum wurden sie nie gefunden?

Und schließlich kommt auch noch der Himmel ins Spiel. Manche vertreten die Ansicht, dass die drei Pyramiden von Gizeh die drei Gürtelsterne des Orion spiegeln, da ihre Abstände die gleichen Proportionen aufweisen. Die Sphinx würde den astralen Rahmen vervollständigen, wenn man die Position des Sternbilds des Löwen im Jahr 10 500 v. Chr. zugrunde legt – eine hoch spekulative, aber interessante Hypothese.

Solche Gedankenspiele sind faszinierend – ebenso faszinierend wie die Große Pyramide am Höhepunkt ihres Glanzes gewesen sein muss, als sie, zur Gänze mit Platten aus weißem Tura-Kalkstein verkleidet, kilometerweit leuchtete. Berechnungen zufolge hätte man sie sogar vom Mond aus erkennen können. Alles in allem ein unergründliches Geheimnis!

Die Sphinx

(29°58'31"N  - 31°08'16"O)

EIN MENSCHLICHER KOPF AUF EINEM LÖWENKÖRPER
WACHT ÜBER DAS ÄLTESTE RÄTSEL ÄGYPTENS

Eines der bekanntesten Symbole Ägyptens ist die legendäre Sphinx, eine Statue mit dem Körper eines Löwen und dem Kopf eines Menschen. Die Bedeutung des kolossalen Monuments, das sich genau gegenüber der Cheops-, Chepren- und Mykerinos-Pyramide befindet, ist umstritten und hängt mit eben-diesen drei Pyramiden in der Ebene von Gizeh zusammen. Mit 73 Metern Länge, sechs Metern Breite und 20 Metern Höhe ist die Sphinx die größte Statue der Welt und faszi-niert mit ihrem imposanten und majestätischen Anblick seit Jahrhunderten Reisende, Forscher und Archäologen. Mehrmals drohte der Sand der Wüste sie unter sich zu begraben, aber sie ist stets wieder aus der Vergessenheit auf-getaucht. Nach geltender Lehrmeinung soll ihr Antlitz den Pharao Chepren darstellen und um 2600 v. Chr. aus Stein gemeißelt worden sein. Aber warum gibt es auch Theorien, wonach sie weitaus früher entstanden sein soll, sogar schon im Jahr 10 500 v. Chr.?

Diese Hypothese steht im Zusammenhang mit bestimmten astronomischen Gegebenheiten. Die Sphinx ist in einen nach Osten ausgerichteten Kalkfelsen gemeißelt und blickt zur Tagundnachtgleiche im Frühling und Herbst genau zur aufgehenden Sonne. 10 500 v. Chr. stand das Sternbild des Löwen so am ägyptischen Horizont, dass die Sphinx darauf ausgerichtet gewesen wäre. Die Statue hätte demnach mit ihrem Ebenbild am Firmament kommuniziert.

Auf welcher Grundlage kann eine dermaßen fantastische Hypothese fußen? Ist es wirklich möglich, dass die Sphinx Jahrtausende vor dem von den Ägyptologen angenomme-nen Datum entstand? Normalerweise wird ihre Entstehung in die Zeit um 2600 v. Chr. datiert, wobei man von der Überlegung ausgeht, dass die Ägypter vor dem Alten Reich weder über die Technik noch über die gesellschaftliche Organisation und vielleicht nicht einmal über den Willen verfügten, ein derartiges Monument zu schaffen. Sollte die offizielle Datierung korrekt sein, hätten nur die Wirkung

des Windes und vielleicht einige Überschwemmungen des Nils die Erosionsspuren auf der Sphinx und die Furchen auf ihrer Oberfläche und an den Wänden ihrer Umfriedung erzeugt. Nach Ansicht vieler Forscher weisen die Erosionen aber eher auf starke, anhal-tende Regenfälle hin. Und das kann nur geschehen sein, als dieses Gebiet noch grün war und in einer gemäßigten Klimazone lag. Die letzte große Regenzeit gab es in diesem Gebiet zwischen 13 000 und 10 000 v. Chr. Kann die Sphinx aus jener Zeit stammen?

Aber das ist nicht das einzige Geheimnis der Statue. Unklar ist nämlich auch, wessen Antlitz sie darstellt. Ist es tatsächlich das Gesicht von Chephren, oder ließ der Pharao nur den bestehenden Kopf abändern? Warum scheint er aus einem anderen Stein als der Körper gefertigt zu sein? Und warum wirkt der Kopf im Verhältnis zum Körper unproportioniert? Die alten Ägypter waren von Symmetrie und Proportionen geradezu besessen. Ist es denn möglich, dass sie gerade bei einem so bedeutenden Monu-ment von ihrem Wissen keinen Gebrauch machten? Die Archäologen ordnen die Errichtung der Sphinx Chephren zu, da ihrer Meinung nach das Gesicht jenem der Statue aus

92 Das Antlitz der Sphinx wird offiziell dem Pharao Chafra, bekannt als Chephren, zugeordnet, dem vierten Pharao der vierten Dynastie. In den Chroniken wird er als strenger Tyrann beschrieben, der besessen nach Expansion strebte, vor allem in das Gebiet des heutigen Palästina.

92–93 Das Profil der Sphinx wirft Zweifel auf und bietet Stoff für Diskussionen: Nicht alle sind nämlich mit der offiziellen Version einverstanden, wonach ihr Antlitz jenes des Pharaos Chephren zeigt. Experten für Phantombilder wie Detective Frank Domingo von der New Yorker Polizei sind davon überzeugt, dass die Gesichter der beiden Statuen nicht dieselbe Person darstellen.

94 und 96–97 Die Sphinx von Gizeh ist die größte Monolithstatue der Welt mit einer Länge von mehr als 70 Metern, einer Höhe von mehr als 20 Metern und einer Breite von sechs Metern. Der imposante Kopf ist vier Meter hoch. Manche sind der Ansicht, dass seine Proportionen nicht stimmen. Warum wirkt er zu klein für den Rest des Körpers? Eine denkbare Hypothese wäre, dass der Pharao Chephren die Originalstatue nur restaurieren und mit seinen Gesichtszügen ausstatten ließ.

schwarzem Diorit am besten entspricht, die den Pharao darstellt. Diese Theorie wurde jedoch in den 1990er-Jahren widerlegt, als Frank Domingo, ein Experte der New Yorker Kriminalpolizei, ausschloss, dass es sich um dasselbe Gesicht handeln könnte. Analysen und Phantombilder ergeben, dass die beiden Gesichter sogar Menschen unterschiedlicher Rasse darstellen sollen. Wen könnte die Sphinx also abbilden, wenn dies zutrifft? In einer weiteren Sage geht es um die Existenz einer unterirdischen Geheimkammer, die

angeblich uralte Archive beherbergen soll. Den Prophezeiungen Edgar Cayces zufolge soll sie der legendären Halle der Aufzeichnungen von Atlantis entsprechen, das auch vor 12 000 Jahren untergegangen sein soll.
Sicher ist lediglich, dass die Sphinx seit Jahrtausenden ihre Geheimnisse gut hütet und Forscher sowie Laien, die das Mysteriöse lieben, in ihren Bann zieht. Die Wahrheit ist möglicherweise im Antlitz der Sphinx verborgen, das seit jeher als ein Synonym für Unergründlichkeit gilt.

94–95 Zwischen den Pranken der Sphinx wurde die »Traumstele« von Pharao Tuthmosis IV. errichtet. Sie erinnert an den Traum, den der junge Kronprinz hatte, als er an dieser Stelle einschlief: Die Sphinx bat ihn, sie vom Sand zu befreien, und prophezeite ihm seine Thronbesteigung. Interessant ist, dass auf der Stele zwei spiegelgleiche Sphingen eingraviert sind. Aus diesem Grund glauben manche an die Existenz einer zweiten, identischen Sphinx unter dem Sand von Gizeh.

ÄTHIOPIEN

Aksum

(14°07'N - 38°44'0)

DIE GROSSEN STEINERNEN STELEN RAGEN ÜBER DER SPIRITUELLEN HAUPTSTADT
ÄTHIOPIENS AUF, IN DER DIE BUNDESLADE VERMUTET WIRD

Äthiopien, das Horn von Afrika, ist ein Land stolzer Völker, einzigartiger Tiere und glühend heißer Lava- und Sandwüsten. Seiner roten Erde entsprangen einige der rätselhaftesten Reiche der Geschichte, die reich wurden und wieder im Nichts verschwanden. Es gab sagenhafte Zivilisationen wie die der Aksumiter, die in ihrer Hauptstadt Aksum etliche mysteriöse Spuren hinterließ. Die erste Erwähnung dieses erstaunlichen Reichs findet sich in einem alten Dokument, das als »Periplus maris erythrae« bekannt ist. In diesem Reisebericht beschreibt der Autor das Reich der Aksumiter als wohlhabendes Land unter der Herrschaft von König Zoskales, eines literarisch gebildeten und belesenen Fürstens, der aber auch nach Expansion strebte. Die aksumitische Kultur erreichte ein derart hohes Niveau, dass sogar Goldmünzen geprägt wurden, auf denen die Bildnisse von mindestens 20 verschiedenen Herrschern zu finden sind. Es handelt sich um sehr seltene, edle Münzen, die das Geheimnis und den Zauber dieses alten afrikanischen Reichs erahnen lassen. Laut jüngsten Studien geht die Zivilisation der Aksumiter zumindest auf das 4. Jahrhundert v.Chr. zurück, aber ihre Ursprünge sind ungeklärt. Zusätzliche Verwirrung stiftet die Tatsache, dass Ge'ez, die offizielle Sprache der Aksumiter, angeblich sogar auf das Jahr 2000 v. Chr. zurückgeht, am äthiopischen Kaiserhof in einigen Dokumenten aber bis 1974 verwendet wurde und nach wie vor Liturgiesprache in der äthiopischen orthodoxen Kirche ist.

Was diese afrikanische Kultur jedoch wirklich einzigartig und beeindruckend macht, sind die aus ganzen Granitblöcken errichteten Monumentalstelen, die man noch zu Dutzenden im heutigen Aksum bewundern kann. Einige sind vollständig umgestürzt, andere ragen noch fast 30 Meter in die Höhe. Ihre Bedeutung ist jedoch nach wie vor unklar. Stehende Stelen gibt es nur noch wenige; eine davon ist als Stele des Ezana bekannt und ragt seit ihrer Errichtung gut 24 Meter empor; seit 2008 leistet ihr eine von Italien zurückgegebene Stele erneut Gesellschaft. Die Große Stele, deren Einsturz – der Sage nach – das Ende des aksumitischen Reichs markierte, war gut 33 Meter hoch. Ihre Trümmer liegen noch an derselben Stelle, an der »die Götter sie einbrechen« ließen. Die aksumitischen Stelen zeichnen sich durch einen einzigartigen Stil aus: Ihre Ornamente scheinen Türen und Fenster darzustellen und sind stets konvex in die Stele eingearbeitet, als dienten sie zur Anbringung von Plaketten unbekannten Inhalts. Was stellten die Stelen dar? Wenn sie Grabdenkmäler sein sollten, warum gibt es keine Grabstätten? Warum entspricht ihr Stil eher dem eines Wohnhauses als jenem eines Monuments? Und was wurde aus den möglicherweise vorhandenen Metallplaketten? Nach einigen Berechnungen muss der Steinblock, aus dem die Große Stele

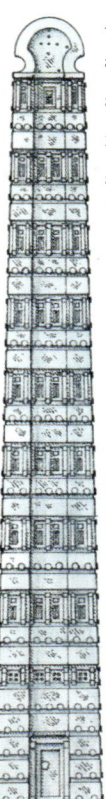

98 Die gigantischen Stelen von Aksum wurden jeweils aus einem einzelnen, riesigen Block Granit gehauen. Die berühmteste ist die 24 Meter hohe Stele des Königs Ezana, der im 4. Jahrhundert das aksumitische Reich regierte.

99 Sämtliche Stelen sind an der Spitze halbkreisförmig gerundet: angeblich ein Symbol für das Paradies. Wissenschaftler vermuten, dass an der Vorderseite der Spitze eine Metallplakette angebracht war, die die Sonne und den zunehmenden Mond abbildete.

100 Die Stele von Aksum wurde während des Äthiopienkriegs im Jahr 1935 von der italienische Armee entwendet und nach Rom gebracht. Nach dem Krieg beschloss Italien, das Beutestück zurückzugeben, aber wegen der extrem hohen Transportkosten wurde das Vorhaben erst 2005 realisiert.

gebildet ist, rund 520 Tonnen gewogen haben. Wie war es möglich, ihn mehr als vier Kilometer weit zu bewegen und dann in aufrechter Position zu fixieren? Architekten und Archäologen aus heutiger Zeit können diese Frage nicht beantworten.

Die Granitstelen sind jedoch nicht das einzige Geheimnis der alten Aksumiter. Reisende haben berichtet, dass beim Gehen der Boden unter den Füßen hallt, da das Gebiet von zahllosen unterirdischen Hohlräumen durchzogen ist. Sagen behaupten, im dichten Netz der unterirdischen Gewölbe sei sogar ein Durchgang bis in das heutige Arabien zu finden.

Wie aber kam es zum Untergang der sagenhaften aksumitischen Zivilisation? Warum geriet ein Volk mit so hoch entwickelter Kultur und bedeutenden Monumenten in Vergessenheit? In einigen Schriften, die von den ortsansässigen Mönchen streng gehütet werden, ist von einer kriegerischen Königin namens Judith die Rede,

die in einer Nacht die Stadt niederbrannte. Judith tötete auch den letzten Herrscher der Aksumiter und zerstörte zahlreiche Stelen. Sicher ist, dass die letzten verbliebenen Obelisken, klein und ohne Inschriften, in einem ihr gewidmeten Stelenpark untergebracht sind – letzte Spuren eines geheimnisvollen Volks.

Aksum ist heute ein beliebtes Wallfahrtsziel, denn sie gilt als die heiligste Stadt Äthiopiens. Nicht zufällig behauptet die orthodoxe Kirche, dass in der Kirche Notre Dame de Sion die sagenumwobene Bundeslade aufbewahrt wird, die Reliquie mit den übernatürlichen Kräften, die die Zehn Gebote enthielt. Schade, dass niemand außer dem Wächter sie betrachten und berühren kann, dem einzigen auserwählten Privilegierten, der sie sein Leben lang Tag und Nacht hütet. Aber das ist eine ganz andere Geschichte und nur ein weiteres der tausend Geheimnisse der rätselhaften Stadt Aksum.

100–101 und 101 Die Sage berichtet, dass der Einsturz der großen Stele das Ende des aksumitischen Reichs ankündigte. Sicher ist, dass der Anblick des kolossalen Monuments, das in vier Teile zertrümmert auf dem Boden liegt, ein Bild der Zerstörung bietet. Die Zeichnungen auf der mehr als 33 Meter langen Stele stellen die Fassade eines Hauses mit 13 Geschossen dar. Die zu Ehren des Negus Ramhai errichtete große Stele soll angeblich schon während der Aufstellungszeremonie wegen des instabilen Untergrunds eingestürzt sein; nach einer anderen Version wurde sie von einer Königin Judith zerstört.

102–103 und 102 unten Auf einem kleinen Hügel zwei Kilometer vom nördlichen Stelenpark entfernt steht das Mausoleum aus dem 6. Jahrhundert, in dem der Überlieferung nach König Kaleb und dessen Sohn Gebre Meskel ruhen. Es handelt sich um zwei Zwillingsgräber, wovon das zweite aber reicher verziert ist und vor allem durch die unglaublich präzisen Anordnung seiner Steine überrascht. Das Grabmal verfügt über eine große Eingangshalle und fünf Kammern. Ein beeindruckendes Portal bildet den Zugang zu einer davon, in der sich drei Sarkophage befinden, wovon einer mit christlichen Kreuzen geschmückt ist. Zum Grab von König Kaleb gelangt man über eine lange Treppe. Die Steine sind hier größer und gröber. Es heißt, wer einen angefeuchteten Grashalm in die Ritzen der Wände steckt, kann mit etwas Glück beim Herausziehen eine Perle darauf finden. Einer Ortssage zufolge soll hinter einer Geheimtür ein sehr wertvoller Schatz verborgen sein.

Lalibela

(12°02'N  - 39°02'O)

HERRLICHE IN DEN FELS GEMEISSELTE KIRCHEN. LEGENDEN, DIE DARAUF HINDEUTEN, DASS SICH HIER VOR JAHRHUNDERTEN DIE BUNDESLADE BEFAND

Äthiopien ist ein sagenumwobenes Land mit vielen Geheimnissen und Legenden. Auf 2500 Metern über dem Meeresspiegel liegt die Stadt Lalibela, die auch als »Petra Afrikas« bezeichnet wird. Nach Aksum ist sie die zweitheiligste Stadt des Landes und berühmt für ihre unglaublichen Kirchen, die in Bergflanken oder sogar in den Erdboden gegraben sind. Zehn Kirchen sind es und ein kleines Gefängnis, von denen niemand weiß, wie und wann sie gebaut wurden. Üblicherweise wird die Gründung Lalibelas im 12. Jahrhundert angesiedelt, möglicherweise ist die Stadt aber älter. Alle Kirchen sind ohne gemauerte Teile oder Holzelemente errichtet worden, sondern aus der sie umgebenden Felsformation herausgemeißelt. Was alles noch mysteriöser macht, ist die Tatsache,

dass im gesamten Gebiet, abgesehen von den Kirchen, keine anderen Bauten aus derselben Zeit existieren. Der Legende nach ließ König Lalibela die Kirchen errichten, nachdem er eine geheimnisvolle Vision gehabt hatte. Wissenschaftler gehen davon aus, dass mindestens 40 000 Arbeiter erforderlich waren, um die Kirchen aus dem Felsen herausschlagen zu lassen – eine Anzahl, die sich aus der damals in der Region ansässigen Bevölkerung nicht hätte rekrutieren lassen. Eine weitere Theorie besagt, Kreuzritter, die es nach Äthiopien verschlagen hatte, könnten die Kirchenbauten angeregt und überwacht haben.

Die Kirchen sind in zwei Gruppen eingeteilt, wobei die dem heiligen Georg gewidmete Kirche die einzige Ausnahme bildet. Die wichtigste ist die nordwestliche Gruppe mit Bet Medhane Alem, der »Kirche des Erlösers«, die als größte monolithische Kirche der Welt gilt. In ihrem Inneren finden sich Steinnischen, die die Grabstätten von Abraham, Isaak und Jakob symbolisieren. Hier wird auch der kostbarste Schatz aus Lalibela aufbewahrt, ein Kreuz aus mehr als sieben Kilogramm Gold. Zur sehr aufwendig gestalteten Bet Maryam, der »Kirche Marias«, gelangt man durch einen kleinen Steinbogen in einer Felswand. Das Kircheninnere erstreckt sich über zwei Stockwerke und ist mit zahlreichen Fresken geschmückt, die christliche Symbole darstellen. Aber auch eine seltsame Bestie mit zwei Köpfen ist zu erkennen, die mit zwei Stieren kämpft, einem weißen und einem schwarzen. Eine Säule mit viereckiger Basis ist mit Tüchern und sehr dicht gewebten Stoffen umhüllt, die angeblich eine verbotene Inschrift verbergen, deren Inhalt mit Ausnahme eines auserwählten Priesters niemand erfahren darf. Die Fremdenführer behaupten, sie enthalte die Wahrheit über die Bundeslade. Alte, geheimnisvolle, in Leder und Rinde gebundene Manuskripte werden auch in den winzigen Kirchen Bet Meskel und Bet Danaghel aufbewahrt.

Bet Golgotha ist die heiligste Kirche der Äthiopier und nur Männern vorbehalten. Ihre Wandfresken stellen gekreuzigte Krieger in voller Rüstung dar. Der Priester wacht auch über

104 König Lalibela, der von der äthiopischen Kirche als Heiliger verehrt wird, regierte von 1181 bis 1221. Er ordnete die Erbauung des herrlichen Kirchenkomplexes an, der heute nach ihm benannt ist.

104–105 Bet Maryam war möglicherweise die erste in Lalibela erbaute Kirche. Die Legende berichtet, dass eine Säule von der Jungfrau Maria berührt wurde und die Zehn Gebote darin eingraviert sind.

LEGENDE
1) Bet Meskel
2) Bet Mikael
3) Bet Golgotha
4) Bet Maryam
5) Bet Ghel
6) Bet Medhane Alem
7) Bet Giyorgis
8) Croce monolitica
9) Bet Gabriel-Rufael
10) Bet Abba Libanos
11) Bet Merkorios
12) Bet Amanuel

106–107 Bet Medhane Alem, ein überwältigender Monolithblock, ist mit 33 Meter Länge, 23 Meter Breite und 11 Meter Höhe die imposanteste unter den Kirchen von Lalibela. Sie ist dem Erlöser der Welt geweiht.

eine Reihe von Reliquien, aber vor allem über einen Winkel mit Erde, der als heilig gilt.

Die zweite Kirchengruppe im Südosten ist dagegen schlecht erhalten und nur schwer zugänglich. Das winzige Gefängnis mit seinen Fesseln und Ketten gibt Rätsel auf. Wer sollte an solch einem Ort, an dem sich nur Kultstätten befinden, gefangen gehalten werden? Die überwältigendste Kirche ist zweifelsohne Bet Giyorgis, die dem heiligen Georg geweihte Kirche, die von den übrigen deutlich abgeschieden ist. Ihr Boden ist 15 Meter tief in einen Hügel gehauen, die Anlage kreuzförmig und dreigeschossig. In ihren heiligen Nischen leben noch heute geheimnisvolle, halbnackte Eremiten, Seite an Seite mit Dutzenden Skeletten, die im Lauf der Jahrhunderte hier abgelegt worden sind. Eine uralte Kassette und andere versiegelte Kästen werden nie vor Fremden geöffnet. Niemand weiß, was sich darin verbirgt. Einige Spuren im Felsen gelten als Hufspuren vom Pferd des heiligen Georg, der sich hier Lalibela offenbarte und ihm ein Geheimnis enthüllte, das für die übrige Welt aber noch wohl gehütet in den Tiefen der Erde ruht.

107 Auch Beth Golgotha ist aus einem einzigen Monolithen mit rechteckiger Grundfläche gehauen.

108–109 Der Komplex Bet Gabriel-Rufael ist den Erzengeln Gabriel und Raphael geweiht und wegen seines charakteristischen Eingangs berühmt, zu dem man über den »Weg des Paradieses« gelangt.

110–111 und 111 oben Bet Giyorgis, die Kirche des heiligen Georg, ist der einzige Bau, der von den übrigen Kirchengruppen getrennt liegt. Charakteristisch sind ihr Grundriss in Form eines griechischen Kreuzes sowie der zwölf Meter tiefe Graben, der sie vom Felsen trennt und damit so hoch ist wie die unter dem Niveau des Bodens angelegte Kirche. Verehrt werden hier Spuren im Felsen, die der Legende nach das Pferd des heiligen Georg hinterlassen hat, der sich genau an dieser Stelle König Lalibela offenbarte.

111 unten Während des Timkat, des koptischen Dreikönigsfests am 19. Januar, wird eine Tabot genannte Kopie der Bundeslade zu der dem heiligen Georg geweihten Felsenkirche Bet Giyorgis gebracht. Die Zeremonie ist eine der bekanntesten und meistbesuchten Feierlichkeiten in ganz Äthiopien, bei der die Gläubigen den gesamten Komplex von Lalibela füllen.

Die Ruinen von Gedi

(3°19'S ✦ 39°59'0)

HAT DIE IN DEN WÄLDERN KENIAS VERGESSENE STADT NUR EINE AUFREGENDE
GESCHICHTE ODER IST SIE AUCH MIT EINEM FLUCH BELEGT?

Malindi gilt mit seiner traumhaften Küste im Osten Afrikas heute als eines der Paradiese des Kontinents und exklusives Touristenziel. Und dennoch existiert nur wenige Kilometer von den luxuriösen Anlagen entfernt ein kleiner, geheimnisvoller Ort, eine Art Geisterstadt mit unbekannter Vergangenheit. Es handelt sich um die Ruinen der versunkenen Stadt Gedi. Gede bedeutet in der Oromo-Sprache »kostbar«. Die Ruinen verteilen sich auf einer Fläche von 200 000 Quadratmetern inmitten des Arabuko-Sokoke-Walds und stellen ein noch ungelöstes Rätsel dar. Weder die Geschichte der Stadt und ihrer Bewohner noch die Gründe, warum sie die Stadt plötzlich verließen, sind bekannt. Es wurden keine Anzeichen von Kämpfen oder Epidemien gefunden. Die Ruinen deuten eher auf eine rasche Flucht der Bewohner hin. Was geschah an diesem alten, geheimnisvollen Ort? Warum scheint es, dass die Einheimischen auch heute noch diese undurchdringlichen Ruinen meiden und fürchten?

Die im Wald versunkene Stadt hat keine schriftlichen Nachweise ihrer Existenz hinterlassen. Es gibt kein Verzeichnis in der Swahili-Kultur, die Portugiesen, die hier landeten und sich nur wenige Kilometer von der Stadt entfernt ansiedelten, kannten sie nicht, und auch in arabischen Bibliotheken ist kein Schlüssel zu diesem Geheimnis zu finden. Warum wurde im Lauf der jahrhundertelangen Geschichte nichts über Gedi geschrieben? Ist es möglich, dass es sich um ein so gut gehütetes Geheimnis handelte?

Die zwischen 1948 und 1958 durchgeführten Ausgrabungen beförderten überraschende Ergebnisse zutage, denn die Archäologen stießen zwischen den Ruinen der Stadt auf unerwartete Kostbarkeiten wie eine chinesische Vase aus der Mingdynastie, edles Glas aus Venedig, eine schmiedeeiserne Lampe aus Indien, eine Schere aus Spanien und Geldstücke aus dem Fernen Osten. Alle Gegenstände sind seit dem Jahr 2000 im kleinen Gedi-Museum ausgestellt. Sie scheinen von einem Ort zu berichten, an dem einst Händler und Reisende aus allen Teilen der Erde zusammentrafen; eine reiche, pulsierende und lebendige Stadt im von 1300 bis 1700 n. Chr. unter arabischer Herrschaft stehenden Ostafrika, die nach Schätzungen der Archäologen mindestens 2500 Einwohner hatte.

Die einfachste Annahme der Wissenschaftler geht davon aus, dass der große Arabuko-Sokoke-Wald im Zuge der Wanderungen von Norden kommender Stämme erobert wurde und seine Bewohner brutal vertrieben wurden. Einer anderen Version zufolge könnte Gedi auch einer von der Stadt Mombasa ausgehenden Strafexpedition gegen Malindi zum Opfer gefallen sein.

Aber dies macht das Geheimnis um die Stille, die sich jahrhundertelang über die Ruinen von Gedi gesenkt hatte, nicht durchschaubarer: Wie ist es möglich, dass ein so reiches Handelszentrum, eine so große Stadt, ein Ort, an dem mächtige, finanzstarke Händler in den vergangenen Jahrhunderten zusammentrafen, keine schriftliche Spur in irgendeinem Reisebericht hinterlassen hat? Welchen Pakt des Stillschweigens musste man schließen, wenn man in das alte Gedi vorgedrungen war? Schließlich boten die Entfernung der Stadt zum Meer und die Lage im Wald keine

113 Der Eingang zum so genannten »Sultanspalast« führt zu einem klassischen Beispiel der Swahili-Architektur. Gedi, eine kleine, ganz aus Stein erbaute Stadt, wurde von einigen tausend Swahili bewohnt und von einem geheimnisvollen, überaus reichen Sultan regiert. Die Ruinen gehen auf das 15. Jahrhundert zurück und können zur Gänze besichtigt werden.

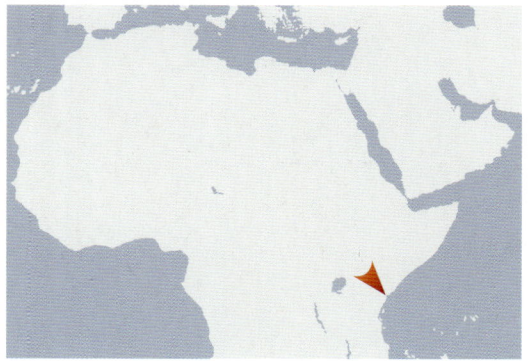

114–115 Die Wurzeln der Bäume, darunter auch einige majestätische Baobabs, haben
die Ruinen von Gedi überwuchert und über die Jahrhunderte ein Geheimnis verborgen.
Ein Portal führt in das Innere der Moschee des langen Kanals. Die ersten Ansiedlungen
in diesem Gebiet gehen auf das 11. Jahrhundert zurück.

idealen Bedingungen für ein Handelszentrum. Womit handelten Gedis Einwohner im Geheimen? Und wer waren ihre Kunden?

Noch heute kann man die mittelalterliche Swahili-Architektur bewundern, die ihre höchste Ausdrucksform im Palast, in den imposanten Steinhäusern und in der großen Moschee findet. Großes Interesse erregen auch die fortschrittlich gestalteten und in ihrer Art einzigartigen Hygieneanlagen. Das für die Errichtung der Bauten verwendete Material stammt hauptsächlich vom nahen Korallenriff. Die Stadt hat einen rasterartigen Grundriss und zeichnet sich durch ein perfektes System von Abflusskanälen aus. Der Legende nach werden die Ruinen vom Geist ihrer Priester beschützt. Die »Alten«, wie sie genannt werden, sollen über die Macht verfügen, jeden zu verfluchen, der dem Ort Schaden zufügt.

115 Von oben kann man den Grundriss der Anlage und die Fremdenführer betrachten, die die Touristen durch die geheimnisvollen Ruinen von Gedi führen. Die Stadt, die sich über eine Fläche von 200 000 Quadratmetern erstreckt, ist rasterförmig angelegt und verfügt über ein ausgeklügeltes und sehr effizientes Abflusskanalsystem.

Groß-Simbabwe

(20°16'23"S - 30°56'3"O)

DAS GRÖSSTE MONUMENT AFRIKAS NACH DEN ÄGYPTISCHEN PYRAMIDEN, DER STOLZ EINER NATION UND DIE SPUR EINER UNBEKANNTEN VERGANGENHEIT

Groß-Simbabwe stellt auf dem riesigen afrikanischen Kontinent nach den ägyptischen Pyramiden das zweitwichtigste Monument hinsichtlich Größe und Bedeutung dar. So wie die Pyramiden zum Symbol des Landes der Pharaonen geworden sind, gilt diese spektakuläre Ausgrabungsstätte als Ikone der Republik Simbabwe. Der Staat verdankt den unglaublichen Steinruinen in der endlosen Hochebene von Harare sogar seinen Namen, und nicht nur das: Der Vogel, der das Nationalsymbol darstellt, gehört auch zu den berühmten Funden aus Groß-Simbabwe. Ein Geheimnis umgibt diese aus 15 000 Tonnen Stein auf sieben Quadratkilometern errichtete Stätte mit majestätischen Bauten und imposanten Mauern: Warum wurde Groß-Simbabwe als Hauptstadt eines großen Reichs verlassen?

Das Gebiet wurde ab dem 4. Jahrhundert n. Chr. besiedelt, die Errichtung der prächtigen Stadt soll jedoch erst etwa 800 Jahre später gegen Ende des 11. Jahrhunderts begonnen haben. Zu ihrer Blütezeit sollen hier fast 20 000 Menschen gelebt haben – eine richtige Hauptstadt mit viel Verkehr und intensivem Handel, die auch von Arabern, Indern und Portugiesen frequentiert wurde. Sie bildete das Herz des Königreichs von Munhumutapa.

Groß-Simbabwe wurde unerklärlicherweise um 1450 verlassen und geriet jahrhundertelang in Vergessenheit, bis der Forscher Adam Renders im Jahr 1867 zufällig darauf stieß. 1871 führte der deutsche Geologe Karl Mauch die ersten Erkundungen durch und kam zu dem Schluss, dass

es sich um »eine Kopie des salomonischen Tempels und eine Kopie des Palasts der Königin von Saba« handelte. Dabei irrte er gewaltig, doch im Zeitalter des Kolonialismus war es für Europäer unvorstellbar, Afrikaner könnten eine derartige Kulturleistung vollbracht haben. Und doch war der spektakuläre Komplex das Werk eines alten afrikanischen Volks, möglicherweise der Shona – auch wenn Venda und Lemba die Erbauung für sich beanspruchen und es bei den Letzteren einen Clan gibt, der sich Tovakare Muzimbabwe nennt – »die, die Simbabwe erbauten«. Der Name Simbabwe soll sich von der Zusammenziehung der Phrase »dzimba woye« (»die geehrten Häuser«) ableiten. Hinter den imposanten Mauern gibt es auch heute noch viele Steinhäuser in Groß-Simbabwe (die Lehmhäuser existieren nicht mehr), die um die beiden monumentalen Türme der Stadt gruppiert sind. Enge Stollengänge, immense Felswände, Wohngebiete und atemberaubende Ausblicke – all dies macht Groß-Simbabwe aus. Im höchsten Teil der Stadt (mehr als 2500 Meter über dem Meeresspiegel) erblickt man die große Einfriedung, die größte prähistorische Anlage südlich der Sahara, und als planerisches Meisterwerk den konischen Turm, der über neun Meter hoch und mehr als fünf Meter breit ist. Vielleicht handelte es sich um die ehemalige königliche Residenz. Welche Architekten entwarfen all dies? Und aus welchem Grund waren die Einwohner, nachdem sie eine herrliche, monumentale Steinstadt errichtet hatten, gezwungen, sie zu verlassen und 400 Jahre zu vergessen?

116–117 Das bekannteste Naturschauspiel Simbabwes und sicherlich auch die meistbesuchte Touristenattraktion sind die Viktoriafälle, aber der wahre Stolz der Bevölkerung ist der majestätische Komplex Groß-Simbabwe: Dies ist einer der seltenen Fälle, in dem ein historisches Monument den Namen des Staates geprägt hat, in dem es sich befindet.

117 Als die ersten Weißen nach Simbabwe gelangten, glaubten sie nicht, dass die hier ansässigen Stämme Groß-Simbabwe errichtet haben könnten. Die traditionelle Architektur der Shona kennt nämlich keine großen Steinbauten. Archäologische Studien haben aber gezeigt, dass doch die Theorie am plausibelsten ist, wonach die Shona dieses Bauwerk geschaffen haben.

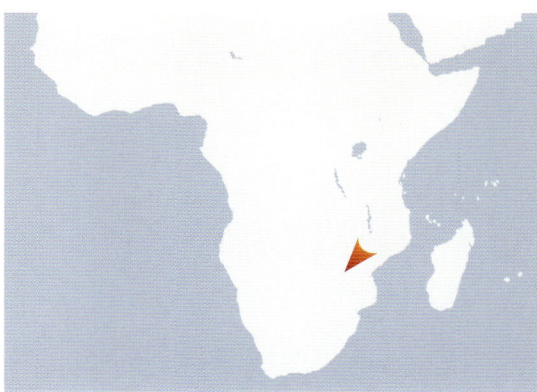

118 oben und 118–119 Wozu diente die große Mauer rund um Groß-Simbabwe? Aus welchem Grund sind ihre Wände so hoch? Welche Funktion hatten die unglaublichen Laufgräben, die sich rundum erstrecken? Vor welchen Feinden glaubte sich der sagenumwobene südostafrikanische Bantukönig Munhumutapa bedroht? Mit elf Metern Höhe und 250 Metern Länge ist dieses Bauwerk das imposanteste im Gebiet südlich der Sahara.

118 unten Der innerhalb der großen Einfriedung gelegene konische Turm ist über neun Meter hoch und mehr als fünf Meter breit. Nach Ansicht der Archäologen könnte es sich um die ehemalige Königsresidenz handeln. Seine Funktion ist auf jeden Fall unbekannt. Manche meinen, es handele sich um einen riesigen Getreidespeicher, andere sehen darin ein Phallussymbol.

120–121 und 121 Neben der Architektur zählen die acht Vogelstatuen aus Steatit (Speckstein) zu den berühmtesten Kunstwerken Simbabwes, die bei den Ausgrabungen in Groß-Simbabwe gefunden wurden. Ihre Bedeutung ist noch unklar. Zwischen den Vogelfiguren ragt ein Gaukler hervor, der zum Symbol des ehemaligen Rhodesiens und danach der Republik Simbabwe wurde und auch auf der Nationalflagge abgebildet ist.

Die Arche Noah

(39°42'7"N - 44°17'54"O)

AUF DEM GIPFEL DES ARARAT AUF DER SUCHE NACH BEWEISEN, DIE DIE ÄLTESTE LEGENDE BESTÄTIGEN SOLLEN

Der 5165 Meter hohe Berg Ararat prägt das Erscheinungsbild und die Kultur des gesamten Gebiets. Obwohl er die höchste Erhebung der Türkei ist, schmücken seine Konturen das Wappen der Republik Armenien, deren Volk er heilig ist. Auf Armenisch bedeutet Ararat »von Gott geschaffen«. Aber für den Rest der Welt ist der Ararat ganz einfach der Berg, auf dessen Gipfel, wie die Bibel berichtet, Noah nach der Sintflut gelandet sein soll. Manche glauben, dass die legendäre Arche sich noch immer dort befindet.

Auf einigen berühmt gewordenen Fotos ist am nordwestlichen Ende ein seltsames, nicht identifiziertes Objekt zu sehen, das als Ararat-Anomalie bezeichnet wird. Viele Forscher glauben, es könne sich um die Überreste der legendären Arche Noah handeln, aber die türkische Regierung hat bis heute wissenschaftliche Expeditionen zum Gipfel untersagt, da es sich um militärisches Sperrgebiet handelt.

Der Ursprung der Geschichte um die Sintflut liegt im Buch Genesis, dem ersten der 66 Bücher der Bibel, aber in den Mythologien vieler verschiedener und weit voneinander entfernt lebender Völker ist von derselben Katastrophe die Rede. Noahs Name ist auf dem ganzen Erdball bekannt: In Amazonien nennt man ihn Noa, die Hawaiianer nennen ihn Nu-u, die Chinesen kennen ihn dagegen als Nuwah, und in Mexiko existiert ein Nalà. Die Legende ist auch in Zivilisationen bekannt, die niemals miteinander in Berührung kamen, denn es gibt mehr als 150 Erzählungen über die Sintflut. In Australien heißt der Held Kurnai, im Iran Zend und in Russland Vogul. Die Delawaren in Nordamerika nannten ihn Pokawo, die Indianer Kanadas Manibusho. In Paraguay und in Brasilien ist er als Tamanduarema bekannt, während er in Patagonien zu Zeukha, in Persien zu Yima und in den keltischen Legenden zu Dwifa wird. Auch das Gilgamesch-Epos aus Mesopotamien berichtet über eine Sintflut, die der biblischen sehr ähnelt: Tutu wurde aufgetragen, sein Haus abzureißen, um eine Arche zu bauen und sich zu retten.

Aber wie sah die Arche Noah aus? In Dordrecht, Holland, hat Joan Huibers eine Kopie der Arche in Originalgröße geschaffen, indem er den Anweisungen der Genesis folgte. Dort heißt es: »Mach dir eine Arche aus Zypressenholz! Statte sie mit Kammern aus und dichte sie innen und außen mit Pech ab! So sollst du die Arche bauen: Dreihundert Ellen lang, fünfzig Ellen breit und dreißig Ellen hoch soll sie sein. Mach der Arche ein Dach und hebe es genau um eine Elle nach oben an! Den Eingang der Arche bring an der Seite an! Richte ein unteres, ein zweites und ein drittes Stockwerk ein!« (Genesis 6,14–16).

In der Tat handelt es sich um einen Quader mit 156 Metern Länge, 26 Metern Breite und 15 Metern Höhe – eine riesige Kiste, länger als ein Fußballfeld und hoch wie ein vierstöckiges Haus. Ohne Bug und Heck und ohne Ruder.

Den biblischen Berichten nach erfüllte sie ihre Aufgabe: »Da dachte Gott an Noah und an alle Tiere und an alles Vieh, das bei ihm in der Arche war. Gott ließ einen Wind über die Erde wehen, und das Wasser sank. Die Quellen der Urflut und die Schleusen des Himmels schlossen sich; der Regen vom Himmel ließ nach, und das Wasser verlief sich allmählich von der Erde. So nahm das Wasser nach 150 Tagen ab. Am 17. Tag des siebten Monats setzte die Arche in den Bergen des Ararats auf« (Genesis 8,1–4).

Warum wird hier der Plural verwendet? Das Ararat-Massiv besteht tatsächlich aus dem Großen und Kleinen Ararat,

122–123 Den eindrucksvollsten Blick auf den Ararat hat man nicht in der Türkei, sondern auf der armenischen Seite des Grenzgebiets auf der Höhe des Klosters Chor Virap. Die als »Ararat-Anomalie« bekannte geologische Unregelmäßigkeit im Bergprofil ist jedoch nur auf Satellitenfotos zu erkennen.

122 unten Eine aus dem 15. Jahrhundert stammende Illustration aus der Bibel zeigt die Arche Noah, mit der Noah seine Familie sowie jeweils ein Pärchen von jeder Tierart vor den Fluten gerettet und schließlich auf dem Ararat gestrandet sein soll.

zwei Bergen, die ungefähr elf Kilometer voneinander entfernt sind. Wenn man alle Informationen hinsichtlich Distanzen, Höhen und Navigationszeiten heranzieht, kann man daraus folgern, dass Noah rund 800 Meter vom Gipfel entfernt auf 4365 Metern Höhe angelegt haben müsste. Leider zerstörte im Jahr 1840 eine heftige Vulkanexplosion einen Teil des Ararats. Daher könnte das übrig gebliebene Holz der Arche ins Tal gerutscht sein. Oder es ist bei der Naturkatastrophe für immer verloren gegangen. Die Suche geht auf jeden Fall weiter – und die Legende auch.

Göbekli Tepe

(37°13'23"N ☀ - 38°55'20"O)

DER ÄLTESTE TEMPEL DER WELT BEFINDET SICH IN DER TÜRKEI UND SCHEINT
EINE ANDERE GESCHICHTE ÜBER DIE URSPRÜNGE DER ZIVILISATION ZU ERZÄHLEN

Im Süden der Türkei, wenige Kilometer von der syrischen Grenze entfernt, befindet sich auf einem Hügel eine Stätte, die als »ältester Tempel der Welt« gilt und den Namen Göbekli Tepe trägt. Vor rund 11 000 Jahren überblickten die Bewohner von diesem Ort das Gebiet Mesopotamiens und errichteten geheimnisvolle, mächtige Bauten zu Ehren der verloren gegangenen Götter. Die Entdeckung dieses unglaublichen Hügels, der 9000 Jahre vor Christi Geburt von Menschenhand angelegt wurde – die Ausgrabungen begannen erst 1994 –, erforderte eine neue Sicht auf die Geschichte. Die Menschen aus dem Neolithikum waren keineswegs nur Jäger, die in Höhlen mit primitiven Felszeichnungen wohnten, sondern sehr wohl in der Lage, Kultstätten mit ausgefeilten Techniken zu errichten, indem sie imposante Steinblöcke durch Glätten und Ritzen bearbeiteten – zumindest hier an diesem zauberhaften Ort in der heutigen Türkei.

In Göbekli Tepe wurde eine Reihe geheimnisvoller Pfeiler in einer ungewöhnlichen T-Form zutage gefördert, von denen einige sechs Meter Höhe erreichen und mehr als zehn Tonnen schwer sind. Rund 50 davon, so wird geschätzt, müssten auf dem ganzen Areal vorhanden sein. Ihre Form könnte eine stilisierte Darstellung riesiger Menschen sein.

Aber wie konnten Menschen, die 3000 Jahre vor dem Auftauchen primitiver Schriftformen lebten, einen künstlichen Hügel mit 15 Metern Höhe und 300 Metern Durchmesser

ersinnen, planen und ausführen, um ihren Göttern Ehrerbietung zu erweisen? Warum findet sich an dieser Stätte eine beeindruckende Menge an Flachreliefs und Skulpturen, die Pflanzen und Tiere aller Art darstellen (etwa Schlangen, Löwen, Skorpione, Wildschweine oder Stiere), aber auch anthropomorphe Figuren ohne Gesicht? Und wer sind die Götter der alten Bewohner von Göbekli Tepe, die sie auf ihren Statuen als geflügelte Menschen darstellen?

Manche glauben, es handle sich um alte Schamanen, manche denken an den Ursprung des Engelsmythos, andere wiederum vermuten eine Verbindung mit dem Wächterbuch aus dem Buch Henoch: Nach diesem sehr alten apokryphen Text sollen die »Wächter«, vom Himmel herabgestiegene höhere Wesen, den Völkern des antiken Mesopotamiens geheime Kenntnisse über Kunst und Wissenschaft geschenkt haben, um danach wieder zu entschwinden.

Eine weitere fantastische Hypothese setzt den Hügel mit dem biblischen Garten Eden gleich: Verschiedene philologische Studien scheinen nämlich auf eine spannende Parallele zwischen den in der Bibel beschriebenen Orten und der geografischen und klimatischen Struktur der Stätte in der Türkei hinzudeuten, wie sie vor Jahrtausenden war.

Aber abgesehen von allen Fantasien scheint das Rätsel um Göbekli Tepe von seiner Lösung noch weit entfernt zu sein. Wie kann man nämlich seine Existenz in einer Zeit erklären, in der es keine menschliche Zivilisation gab, die in der

124–125 Vom heiligen Hügel von Göbekli Tepe ließen vor mehr als 10 000 Jahren die Menschen einer alten, geheimnisvollen Kultur ihren Blick über Mesopotamien schweifen und beschlossen, dieses heilige Areal zu errichten, das bis heute als das älteste Heiligtum der Erde gilt. Bis jetzt gelang es noch nicht, seine Bedeutung zu entschlüsseln.

125 Die mysteriösen Pfeiler, die für Göbekli Tepe kennzeichnend sind, erreichen eine Höhe von bis zu sechs Metern und ein Gewicht von mehr als zehn Tonnen. Nach einigen Theorien könnte es sich um gigantische anthropomorphe Statuen handeln, während die Gravuren auf ihrer Oberfläche an geflügelte Wesen ohne Gesicht erinnern.

126 und 127 Tierdarstellungen finden sich auf beinahe allen Skulpturen des alten Tempels von Göbekli Tepe. Vor vielen Jahrtausenden bildeten die Bewohner dieses Gebiets Wildschweine, Geier und möglicherweise Hunde in Stein. Aber auch Schlangen, Löwen, Skorpione oder Stiere sind zu erkennen. Noch nicht geklärt ist, wozu die großen Öffnungen dienten, die in den Wänden und neben den monumentalen Pfeilern zu sehen sind.

Lage war, einen monumentalen Megalithbau zu errichten? Warum dauerte es nach Göbekli Tepe 1000 Jahre, bis eine Stadt wie Jericho entstand, die als die älteste der Erde gilt, oder sogar 5000 Jahre, bis es eine Stätte wie Stonehenge gab? Was wurde in all den Jahrhunderten aus den Kenntnissen, über die die Gründer von Göbekli Tepe offensichtlich verfügten? Und warum scheint man den heiligen Hügel zu Beginn des Jahres 8000 v. Chr. plötzlich verlassen und sorgfältig mit einer Schicht aus 300 bis 500 Kubikmetern Erde und Steinen bedeckt zu haben? Ist der Fund Jahrtausende später wirklich ein Glücksfall, oder ist es möglich, dass die Menschen aus der Vorzeit mit verloren gegangenen und weiterreichenden

Kenntnissen als den damals üblichen versucht haben, diesen heiligen Ort zu bewahren, um ihn bis in unsere Zeit zu erhalten?

Alle Antworten scheinen noch unter der Erde begraben zu sein. Laut Georadar- und geomagnetischen Messungen sind noch mindestens weitere 16 Megalithringe auf dem 22 Hektar großen Gelände vergraben. Wie der Archäologe Klaus Schmidt, der die Arbeiten leitet, bestätigt, sind bis jetzt nur fünf Prozent der Anlage freigelegt worden. Die Wissenschaftler könnten weitere 50 Jahre graben und gerade die Oberfläche des Areals abschürfen. Das Geheimnis wird also noch mehrere Generationen beschäftigen.

128 und 129 Die Tierdarstellungen auf den Steinskulpturen in Göbekli Tepe erinnern an Höhlenmalereien aus dem Paläolithikum. Nach Ansicht der Archäologen soll es sich um religiöse Darstellungen handeln, die mit dem alten System von »Jagd und Ernte« zusammenhängen. Es ist möglich, dass die geheimnisvollen Erbauer von Göbekli Tepe an die überirdische Welt der Tiergeister glaubten und sie in ihren alten, beeindruckenden Bauwerken verehrten.

130–131 Megiddo liegt 30 Kilometer südlich von Haifa am Osthang des Karmel-Gebirges am Kreuzungspunkt sehr alter Handelsstraßen. Dadurch hatte es einst eine strategisch wichtige Position inne. Immerhin verband die Via Maris Ägypten mit Mesopotamien. Die architektonische Struktur des Stadtstaats, der sich auf diesem Hügel befand, ist seit biblischen Zeiten beinahe intakt geblieben.

Har Megiddo

(32°35'N — 35°11'0)

NACH DEN HEILIGEN SCHRIFTEN WIRD DIE LETZTE SCHLACHT DER MENSCHHEIT AUF DEM BERG ARMAGEDDON IN ISRAEL GESCHLAGEN WERDEN

Wenn sich zu Ihrer Linken das Karmel-Gebirge abzeichnet, rechts der Kamm des Gilboa, hinter Ihnen die Region Samarien liegt und sich vor Ihnen das Tal in Richtung Nazareth öffnet, dann befinden Sie sich aller Wahrscheinlichkeit nach auf dem Gipfel eines der spirituellsten Orte unseres Planeten, dem Armageddon. Der Name ist der wegen der Ängste rund um die Jahrtausendwende und durch große Filmprojekte aus Hollywood populär geworden. Er steht für das Ende der Welt. Niemand weiß, wann und wie es kommen wird, aber alte heilige Schriften geben den Ort genau an. Es wird sich auf dem Berg von Megiddo ereignen – woraus sich angeblich der moderne Begriff Armageddon ableitet. Hier ist der Ort, an dem die Apokalypse aus dem Neuen Testament die letzte Schlacht erwartet zwischen den von Christus geführten Kräften des Guten und den satanischen Kräften des Bösen. Armageddon eben.

Aber warum gerade auf diesem Hügel in Israel? Was ist das Besondere an diesem Ort? Der Stadtstaat Megiddo wird auch in der alten hebräischen Bibel erwähnt, speziell in den Büchern der Könige: Josua, Salomo und Jesaia gingen hier siegreich aus den Schlachten gegen die Assyrer hervor. Megiddo war zwischen 7000 und 500 v. Chr. mehr als 6000 Jahre lang bewohnt. Die Stadt war ein bedeutendes wirtschaftliches und politisches Zentrum zwischen Ägypten und Mesopotamien, an dem kein Weg vorbeiführte. Als solches war die Stadt von absoluter strategischer Bedeutung. Der Berg von Megiddo ist ein Geröllhügel und erzählt die unglaubliche Geschichte von mindestens 25 Kulturen, die hier in den vergangenen 6000 Jahren aufeinander folgten. Jeder Quadratmeter Erde ist die Seite eines Buches, die noch entschlüsselt werden muss, eine Erzählung durchtränkt vom Blut der Heere, die hier aufeinander trafen, schneidend wie die Klingen ihrer Schwerter.

Vielleicht ist der Ort als Schauplatz der letzten Schlacht der Menschheit auserkoren, da er schon so viele Kriege gesehen hat. Drei davon haben besonders tiefe Spuren in der Weltgeschichte hinterlassen.

1918, Erster Weltkrieg: In Megiddo treffen britische Truppen und die Osmanische Armee aufeinander. Der Sieg der Briten markiert den endgültigen Rückzug der Türken aus dem Mittleren Osten nach mehr als 500 Jahren Herrschaft.

609 v. Chr.: In einem furiosen Kampf gewannen die Ägypter unter der Führung von Pharao Wehemibre die Oberhand über das Volk aus Juda unter der Führung von König Josija. Der König wurde getötet, und seitdem ist die Schlacht von Megiddo für die gesamte hebräische Kultur ein Synonym für absoluten Ruin.

Am berühmtesten ist jedoch die Schlacht, die zwischen dem Pharao Tuthmosis III. und dem Volk von Kanaan im Jahr 1457 v. Chr. auf diesem Berg geschlagen wurde: Es handelt sich um die älteste historisch belegte Schlacht, die in Hieroglyphen auf dem Grab des Pharaos dokumentiert ist. Die Sage berichtet von einer sehr langen Belagerung, die durch eine geheimnisvolle und magische Lichtwaffe im Besitz der Ägypter beendet wurde.

Die mächtigen Tore, die über Monate dem Ansturm der ägyptischen Truppen widerstanden, dominieren die Stadt auch heute noch; die höher gelegenen sollen jedoch vom legendären König Salomo errichtet worden sein. Ein weiterer heiliger Ort ist der imposante runde Altar für Opfergaben. Ebenfalls beeindruckend sind die 180 Stufen, die zum uralten Tunnel aus der Zeit König Ahabs führten. Die Geheimnisse von Megiddo müssen noch aufgedeckt werden. Erst 2005 wurden die Überreste eines Mosaiks gefunden, das aus der ältesten christlichen Kirche der Erde stammt. Die Ausgrabungen gehen in Erwartung der Wahrheit über Armageddon weiter, ein Name, der bisher nur einen Berg bezeichnet.

132 oben und unten Der Zutritt zum Stadtstaat Megiddo erfolgte aus nördlicher Richtung. Die drei Zugangstore sind auch heute noch zu sehen. Auf jeder Seite befanden sich zwei Räume – von dort aus kontrollierten Soldaten rund um die Uhr den Zutritt.

133 Ob die letzte Schlacht der Menschheit in Megiddo stattfinden wird? Drei große Schlachten wurden auf diesem Berg bereits geschlagen. Nicht zufällig gibt es in Megiddo einen Tunnel, der zu einem Brunnen führt, der die Wasserversorgung bei Belagerungen sicherte.

Der Salomonische Tempel

(31°46'40,7"N — 35°14'8,9"O)

DER KOSTBARSTE ALLER SCHÄTZE IST MÖGLICHERWEISE IM
HEILIGEN HERZ JERUSALEMS VERBORGEN

Die Errichtung des ersten salomonischen Tempels begann der Bibel zufolge im Jahr 957 v. Chr. Sieben Jahre später wurde das Bauwerk vollendet. Dessen Bedeutung lässt sich allein aus der Tatsache ermessen, dass von den elf Kapiteln, die König Salomo – dem dritten König Israels nach Saul und David – im biblischen Buch der Könige gewidmet sind, mehr als drei von der Geschichte der Erbauung des legendären Tempels berichten.

Jahwe hatte David, Salomos Vater, folgendes offenbart: »Aber Jerusalem habe ich erwählt, dass mein Name daselbst sei« (2. Chronik 6,6). Schon David hatte also geplant, einen Tempel zu erbauen, und sein Sohn und Nachfolger Salomo führte diesen Plan im Lauf von sieben Jahren aus. Im Tempel, Jahwes irdischem Wohnsitz, soll die Bundeslade aufbewahrt worden sein, jene legendäre mit Gold überzogene Truhe aus Akazienholz, die anzufertigen Gott Moses befohlen hatte, um darin einen »… goldenen Krug mit dem Himmelsbrot und die Rute Aarons, die gegrünt hatte, und die Tafeln des Testaments« (Hebräer 9,4) aufzubewahren.

Die Lade war auf Wunsch Davids bereits nach Jerusalem gebracht worden, weil er beabsichtigte, Jerusalem zur religiösen und auch politischen Hauptstadt des neuen Reichs Israel zu machen. König Salomo, der wegen seiner Weisheit berühmt wurde – als Jahwe ihm im Traum erschien und versprach, ihm einen Wunsch zu erfüllen, bat Salomo nicht um ein langes Leben oder Reichtum, sondern um »ein gehorsames Herz, dass er dein Volk richten möge und verstehen, was gut und böse ist« (1. Buch der Könige 3,9) –, förderte während seiner langen Regierungszeit von etwa 970 bis 930 v. Chr. den Einigungsprozess und ließ den Tempel errichten, der als Nationalheiligtum dienen sollte. In seinem Inneren soll der größte Schatz aller Zeiten versteckt worden sein.

Wenn man von den Angaben in den Bibeltexten ausgeht, war der Aufbau des Tempels dreigeteilt. Es gab einen Vorderraum, einen zentralen Raum und darin den Debir, das Allerheiligste, wo die Bundeslade aufbewahrt war. Der Tempel wurde am Rand der Stadt Davids errichtet und blickte auf sie herab. Im Freibereich davor befand sich der Opferaltar. Laut der Beschreibung im Alten Testament (1. Buch der Könige, 6) war der Tempel rund 30 Meter lang, zehn Meter breit und 15 Meter hoch; er war aus Stein gebaut und zur Gänze mit Zedernholz vertäfelt, in das Rosetten und Blütenknospen geschnitzt waren. Aber der wichtigste Teil war natürlich sein Heiligtum voll mit Schätzen und Reliquien: »Und er baute von der hintern Seite des Hauses an zwanzig Ellen mit zedernen Brettern vom Boden bis an die Decke und baute also inwendig den Chor, das Allerheiligste. Aber den Chor bereitete er inwendig im Hause, dass man die Lade des Bundes des Herrn daselbst hin täte. Und vor dem Chor, der zwanzig Ellen lang, zwanzig Ellen weit und zwanzig Ellen hoch war (ein Würfel von fast zehn Metern Seitenlänge, Anm. d. Verf.) und überzogen war mit lauterem Gold. […] Und Salomo überzog das Haus inwendig mit lauterem Golde und zog goldene Riegel vor dem Chor her, den er mit Gold überzogen hatte, also dass das ganze Haus ganz mit Gold überzogen war; dazu auch den ganzen Altar vor dem Chor überzog er mit Gold. Er machte auch im Chor zwei Cherubim, zehn Ellen hoch, von Ölbaumholz« (1. Buch der Könige, 6).

Nach der feierlichen Niederlegung der Bundeslade im Heiligtum erfüllte die Wolke das Haus des Herrn als Zeichen der göttlichen Präsenz, und Salomo weihte das heilige Gebäude mit einer feierlichen Zeremonie, wobei er 22 000 Ochsen und 120 000 Schafe opferte. Als Salomo starb, löste sich der Bund mit Gott auf, und im Jahr 587 v. Chr. machte der babylonische König Nebukadnezar den Tempel dem Erdboden gleich. Ein zweiter Tempel wurde 40 Jahre später

134–135 Jerusalem bildet das religiöse Zentrum der drei großen monotheistischen Religionen. Der östliche Hügel des Plateaus mit den Moscheen verbirgt möglicherweise ein unantastbares Geheimnis. Sicher ist, dass der einzig gesicherte Überrest des legendären Tempels von König Salomo die heutige Klagemauer ist, wo die Juden die Zerstörung des Tempels beweinen.

errichtet, aber vom römischen Kaiser Titus im Jahr 70 n. Chr. endgültig zerstört. Vom legendären Tempel ist nur mehr die westliche Stützmauer vorhanden, die heute als Klagemauer bekannt ist. Noch heute beweinen dort Salomos Nachfahren die Tausende Jahre zurückliegende Zerstörung des Tempels. Aber das größte Mysterium ist vielleicht das Verschwinden der Bundeslade. Viele meinen, dass sie von den Tempelrittern in Sicherheit gebracht und in Europa versteckt wurde. Nach einer anderen Legende wurde die Bundeslade von Salomo an seinen Sohn Menelik weitergegeben, der aus seiner Verbindung mit der Königin von Saba entsprang, der angeblichen Gründerin Äthiopiens, wo die Priester von Aksum noch heute erklären, die Bundeslade zu hüten.

Es gibt aber auch noch eine dritte Theorie, wonach Salomo ein Versteck unter dem Heiligtum geschaffen haben soll, in dem die Bundeslade vor der Zerstörung des Tempels durch die Babylonier eingemauert wurde. Sicher ist, dass in der biblischen Beschreibung über die Zerstörung des Tempels sowie im minutiösen Bericht über die Kriegsbeute die Bundeslade nicht erwähnt wird. Manche glauben, dass sie sich, von Salomo geschickt versteckt, im Untergrund des Tempelbezirks befindet. Wo? Auch dazu gibt es verschiedene Hypothesen. Die glaubwürdigste ist, dass sich das Versteck auf dem östlichen Hügel des Plateaus mit den Moscheen befindet, aber in Anbetracht dessen, dass dieses Gebiet für drei Religionen extrem heilig ist, kann dort niemand nach der Wahrheit graben.

136–137 Viele haben versucht, den Grundriss des alten Tempels nach der Beschreibung in der Bibel zu rekonstruieren. Für seine Errichtung benötigte Salomo unvorstellbare 3000 Tonnen Gold und 30 000 Tonnen Silber. Nach der Bibel war das Bauwerk 30 Meter lang, zehn Meter breit und etwa 15 Meter hoch.

Schriften vom Toten Meer

(31°44'27"N — 35°27'31"O)

IN EINER REIHE VERLASSENER GROTTEN IN DER WÜSTE ISRAELS WURDE EIN SENSATIONELLER FUND GEMACHT

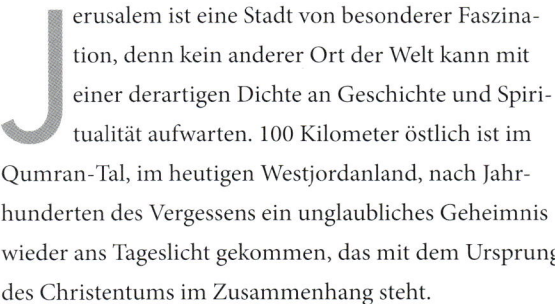

Jerusalem ist eine Stadt von besonderer Faszination, denn kein anderer Ort der Welt kann mit einer derartigen Dichte an Geschichte und Spiritualität aufwarten. 100 Kilometer östlich ist im Qumran-Tal, im heutigen Westjordanland, nach Jahrhunderten des Vergessens ein unglaubliches Geheimnis wieder ans Tageslicht gekommen, das mit dem Ursprung des Christentums im Zusammenhang steht.

Wir schreiben das Jahr 1947. Die alten Grotten von Qumran gehören zu Palästina unter britischem Mandat. Die verlassenen Höhlen dienen als Schutz vor der Gluthitze. Nur ein paar Hirten und Beduinen setzen einen Fuß in diesen unwirtlichen Landstrich. Einer von ihnen, der junge Mohammed el-Hamed, spielt mit seinen Freunden Steinewerfen, als plötzlich ein dumpfes Geräusch aus einer Grotte ihm einen Schatz enthüllt, dessen Bedeutung er nicht begreift: Dutzende Krüge mit Schriftrollen in alten Sprachen, die weder er noch seine Freunde verstehen können. Es handelt sich um uralte religiöse Schriften, die ältesten jemals gefundenen Abschriften der hebräischen Bibel. Im Jahr darauf verbreitet sich die Nachricht in der restlichen Welt, aber der arabisch-israelische Krieg verzögert die Bergungsarbeiten, die bis in das Jahr 1956 andauern. Elf Höhlen mit mehr als 800 Manuskripten und beinahe 15 000 Fragmenten zu sichten und zusammenzufügen ist eine gigantische Arbeit. Experten aus fast allen Nationen arbeiteten an diesem Projekt, aber der überwiegende Teil der Entdeckungen wird geheim gehalten. Was steht geschrieben, das nicht bekannt werden soll? Die kühnsten Theorien – wie beispielsweise jene, die die Grundlage des Bestsellers »Der Da Vinci Code« bilden – besagen, dass nicht alle Evangelien zu uns gelangt sind. Jene, die über das wahre Schicksal des Grals berichteten, wurden angeblich verborgen – und in Qumran sollen sie nun wieder aufgetaucht sein.

Wahrheit oder Märchen? Heute sind fast alle Fragmente veröffentlicht und enthalten keine apokryphen Evangelien. Die bedeutendsten Schriften sind im Israelmuseum in Jerusalem ausgestellt, wo sie bei konstant niedriger Temperatur und vor Licht und schädlichen Umwelteinflüssen geschützt in einem Gebäude untergebracht sind, das sogar einem Atomangriff standhalten kann und in der Form der Krüge gehalten ist, in denen die Rollen gefunden wurden.

Die theologischen und historischen Diskussionen über die Funde bringen die mysteriöse Sekte der Essener ins Spiel, die zwischen 150 v. Chr. und 68 n. Chr. Qumran bewohnt haben soll. Es handelte es sich um eine jüdische Gemeinschaft, die die wiedergefundenen Texte angeblich verfassen, aber auch Initiationswissen besitzen hätte können. Das Hauptaugenmerk der Schatzsucher konzentriert sich jedoch auf ein besonderes Fragment aus den Höhlen von

138–139 und 138 Qumran ist eine Ausgrabungsstätte im Westjordanland in einer trockenen, unwirtlichen Gegend etwas mehr als einen Kilometer vom Toten Meer entfernt. Die Ruinen der Siedlung sind nichts im Vergleich zu dem unglaublichen Schatz, der in ihren Grotten entdeckt wurde: In elf Felshöhlen wurden mehr als 800 unschätzbar wertvolle Schriftrollen gefunden, zum größten Teil aus Pergament, aber auch aus Papyrus. Die Temperatur in den Höhlen hat die sensationellen Dokumente vor der unerträglichen Hitze in diesem Wüstengebiet geschützt. Manche Wissenschaftler meinen, dass die Grotten die Bibliotheken einer geheimnisvollen Gemeinschaft waren, die in Qumran lebte und über die überaus kostbaren heiligen Schriften verfügte. Um welche Gemeinschaft handelte es sich?

140 Die riesigen Terrakottakrüge, die in den Grotten von Qumran gefunden wurden, enthielten die kostbaren Schriftrollen vom Toten Meer und ermöglichten durch ihre Struktur die Konservierung der Handschriften.

140–141 Eine der längsten Rollen, die in Qumran gefunden wurde, ist die sogenannte Tempelrolle. Sie enthält neben der Beschreibung eines unbekannten hebräischen Tempels auch eine Schilderung der Praktiken bei Opferungen und anderen religiösen Zeremonien. All dies wird durch einen Dialog zwischen Gott und Moses wiedergegeben, dem darin die Anweisungen zur Umsetzung erteilt werden. Die Tempelrolle aus Pergament besteht aus 65 Kolumnen und ist rund neun Meter lang.

Qumran, das mit der Nummer 3q15 katalogisiert ist. Im Unterschied zu den übrigen Rollen aus Qumran ist dieses Fragment in Kupfer geritzt, vielleicht, weil es wertvoller war als die anderen. Es handelt sich um eine Liste mit 64 Orten, an denen angeblich ebenso viele Schätze verborgen sein sollen. Aber die genannten Orte existieren heute nicht mehr, was es schwierig macht, sich auf dieser Schatzkarte zurechtzufinden. Der einzige Ort, der noch seinen alten Namen beibehalten hat, ist das Grabmal von Absalom an den Hängen des Ölbergs. Nach der Schrift »können acht Talente Silber unter der West-seite des Mausoleums von Av Solom gefunden werden.

17 Talente sind unter dem Wasserbecken unter den Bädern verborgen. Gold und Körbe mit Opfergaben sind in diesem Becken in seinen vier Ecken«.

Schatzsucher, die dort gegraben haben, konnten nichts fin-den. Abgesehen davon sind Grabungen an dieser Stelle ille-gal. Aber wo sind die anderen 63 Plätze, die im Fragment 3q15 angegeben sind? Welche Reliquien könnten sie verber-gen? Viele denken an den legendären Schatz im Tempel von König Salomo, der von Titus' Soldaten im Jahr 70 n. Chr. dem Erdboden gleichgemacht wurde. Ob die Manuskripte wohl der Schlüssel sind, um ihn wiederzufinden?

Petra, die verlorene Stadt

(*30°19'43"N* — *35°26'31"O*)

Jordanien liegt am Rand des eindrucksvollen Wadi Rum mit seinem roten Sand. Hier lag über Jahrhunderte ein spannendes Mysterium verborgen, das im Zusammenhang steht mit einer geheimen Vergangenheit, einem verschwundenen Reich und einem nie wieder gefundenen Schatz. Es nennt sich »die Stadt der Gräber«, »die rote Stadt« oder »die verlorene Stadt« – oder Petra.

Im Juli 2007 wurde Petra, eine monumentale Felsenstadt, zu einem der »Neuen Sieben Weltwunder« erklärt, aber ihre Schönheit geht auf einen fernen Ursprung zurück. Im 6. Jahrhundert v. Chr. übernahm das geheimnisvolle Nomadenvolk der Nabatäer die Herrschaft über Petra und machte sie zu einer wichtigen Handelsstadt. Die Nabatäer waren reich und gebildet, aber ihre schriftlichen Zeugnisse gingen fast zur Gänze verloren. Was ist daraus geworden? Ist es möglich, dass ein so reiches und kultiviertes Volk keine Spuren zurücklassen wollte?

Zur Zeit ihrer Hochblüte hatte Petra mehr als 20 000 Einwohner. Dann kam die Stadt 106 n. Chr. unter die Oberhoheit des Römischen Reichs. Während des Ersten Kreuzzugs wurde Petra von den Kreuzrittern besetzt und blieb bis 1187 in der Hand der Christen. Der letzte Hinweis auf Petra findet sich 1276 in den Chroniken von Sultan Baibars al-Bunduqdari; danach scheint die ganze Welt die Existenz dieser herrlichen Stadt vergessen zu haben. Warum diese Stille? Wie konnte die legendäre Hauptstadt eines dermaßen vermögenden Reichs aus den Chroniken verschwinden?

Wir wissen nur, dass wir den heutigen Zugang zu Petra dem Mut eines jungen Abenteurers verdanken. Sein Name war Johann Ludwig Burckhardt, und ihm gelang es 1812 – als arabischer Pilger verkleidet –, sich zum geheimen Durchgang führen zu lassen, der heute noch den Zutritt zu der mehr als einen Kilometer langen Felsschlucht bildet, die nach Petra führt.

Das erste Gebäude, auf das man gleich nach dem Verlassen der Felsschlucht trifft, ist El-Khazneh, »das Schatzhaus«. Die Sage berichtet, dass ein mit den Israeliten kriegführender Pharao hier seine Reichtümer in einer Urne versteckte, die die 43 Meter lange und 30 Meter breite Fassade beherrscht. In Hollywood stellte man sich vor, dass hier der Heilige Gral versteckt sei. Unabhängig von dieser Fantasievorstellung errichteten die Kreuzritter im 12. Jahrhundert in diesem Gebiet zwei kleinere Burgen. Viele glauben, es wäre kein Zufall gewesen, dass Petra gerade nach dem Niedergang der Kreuzfahrerstaaten in Vergessenheit geriet. Gab es etwas, das geheim bleiben und in Petra aufbewahrt werden musste?

142 und 143 Es gibt kaum ein überwältigenderes Gefühl als jenes, das sich beim erstmaligen Betreten von Petra einstellt. Nach einem Kilometer Fußmarsch durch eine enge Schlucht, die die Stadt über Jahrhunderte vor dem Rest der Welt verbarg, fällt der Blick plötzlich und unvermutet auf das majestätische Profil des Schatzhauses (El-Khazneh), das als Symbol Petras gilt: eine imposante, 43 Meter hohe und 30 Meter breite Fassade, die in den rosa Felsen des Berges gehauen ist. Das Innere besteht aus zwei schmucklosen Räumen – vielleicht war das gigantische Bauwerk nur ein bedeutendes Mausoleum.

144–145 Die Straße der Fassaden besteht aus einer beispiellosen Reihe von in Fels gemeißelten Bauwerken, die als Königsgräber bekannt sind. Ihr Name ist auf die prunkvolle Gestaltung der Gebäude zurückzuführen. Von einem höher gelegenen Punkt kann man den Blick vom Urnengrab über das Seidengrab, das Korinthische Grab und das Palastgrab bis zum Grab des Sextus Florentinus schweifen lassen und eine absolut einmalige Aussicht genießen.

146–147 Das Urnengrab, auch als »das Gericht« bekannt, ist das zweitgrößte Bauwerk Petras und wurde 70 n. Chr. errichtet. An der Außenseite weist es eine Kolonnade auf, die zu einem Hof führt, der auf einer Reihe von Arkaden gebaut und über eine Treppe zugänglich ist.

147 In Anbetracht der gigantischen Proportionen der Bauwerke Petras ist es für den Besucher empfehlenswert, sie von einem höher gelegenen Punkt aus zu bewundern – nur auf diese Weise überblickt man die ganze Pracht der rosafarbenen Ruinenstadt.

Ob etwas wie ein verborgener Schatz nun tatsächlich existiert oder nicht – die vergessene Stadt war jedenfalls unvorstellbar reich. In der »Straße der Fassaden« reihen sich die monumentalen, atemberaubenden »Königsgräber« aneinander; das von den Nabatäern errichtete »Römische Theater« bot in 45 Reihen zu drei Sektoren Platz für mindestens 3000 Personen. Was wurde dem Publikum dort geboten? Beherrscht wird das gesamte Gebiet vom beeindruckenden, aber furchteinflößenden Opferaltar. Mit seiner glatt polierten Opferplattform gilt er als die am besten erhaltene Opferstätte der Welt. Die beiden sechs Meter hohen Obelisken sind Dushara und Al-Uzza geweiht, den Gottheiten der Nabatäer, die Blutopfer forderten. Gewöhnliche Sterbliche hatten hier keinen Zutritt.

Noch beeindruckender ist aber die »Kloster« genannte Stätte, die über 800 steile Stufen zu erreichen ist. Am Ende der Treppe erhebt sich ein 50 Meter breites und 45 Meter hohes kolossales Bauwerk, vielleicht das Grabmal des Nabatäerkönigs Obodas I. Seinen Namen verdankt das »Kloster« den im Inneren gemeißelten Kreuzen – und einem Wunder. Die Konvertierung des Volkes von Petra zum Christentum war von einem übernatürlichen Ereignis gekennzeichnet: Im Jahr 423 n. Chr. gelangte der syrische Mönch Barsauma nach Petra und fand ein von vier Jahren Trockenheit gepeinigtes Volk vor. Der Mönch kniete nieder und betete. Sofort brach ein heftiges Unwetter über Petra los.

Archäologen vermuten, dass die zauberhafte rosafarbene Stadt gerade einmal 15 Prozent dessen offenbart, was noch unter der Erde verborgen liegt. Eine Probegrabung unterhalb von El-Khazneh lässt nämlich noch ein unterirdisches Geschoss erkennen, das ebenso groß wie der Teil über der Erde ist – als wäre unterhalb von Petra noch ein weiteres Petra.

148 und 148–149 El-Deir, das »Kloster«, ist das größte Gebäude Petras und über eine steile, lange Felsentreppe erreichbar. Bei seinem Anblick wird man aber für die Mühen des Aufstiegs belohnt, denn man steht vor einem 50 Meter breiten und 45 Meter hohen Bauwerk, das über der Stadt Petra thront. Der Legende nach sollen die Kreuze, die sich in seinem Inneren befinden, an das Wunder des Barsauma erinnern, des syrischen Mönchs, der 423 n. Chr. nach Petra kam und einen Wolkenbruch über der Stadt bewirkte, nachdem sie vier Jahre unter Trockenheit gelitten hatte.

Mohenjo-Daro

(27°19'35"N 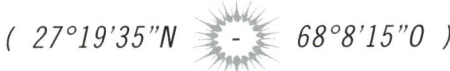 - 68°8'15"O)

DIE RUINEN EINER ALTEN STADT AN DER GRENZE ZWISCHEN INDIEN UND
PAKISTAN SCHEINEN VON EINER UNGLAUBLICHEN SCHLACHT ZU BERICHTEN

In der Nähe des unruhigen Grenzgebiets zwischen Indien und Pakistan brachte 1922 eine spektakuläre archäologische Entdeckung eine unbekannte, herrliche Kultur ans Tageslicht. Wie wenig man von ihr wusste, zeigt allein schon der Name, den man ihr gab: »Kultur des Indus-Tals« oder auch »Harappa-Kultur« in Anlehnung an eine weitere alte Stadt, die in der Nähe von Archäologen freigelegt worden war. Die im Jahr 1922 entdeckte Stadt ist aber wesentlich besser erhalten und birgt ein unglaubliches Geheimnis, das noch gelüftet werden muss. Ihr Name ist Mohenjo-Daro, der Berg der Toten.

Nach Ansicht von Archäologen wurde sie um das Jahr 3000 v. Chr. auf einer Fläche von einem Quadratkilometer errichtet und bot Lebensraum für mindestens 70 000 Einwohner – für die damalige Zeit eine richtige Metropole. Der Grundriss der Stadt zeigt eine klare städtebauliche Planung. Wer immer Mohenjo-Daro erbaute, hatte die Stadt auch so geplant – mit einer hervorragenden Wasserversorgung, einem perfekten Kanalnetz sowie einem Heiz- und Belüftungssystem. Im oberen Stadtteil liegen das berühmte »Große Bad«, zwei Tempel und ein Kornspeicher, während sich im unteren Teil Wohnbauten drängen, die mit geometrischer Präzision entlang der rasterartig angelegten Straßen aufgereiht sind. Aber es gibt auch Geschäfte, Läden und Gegenstände, die mit Gravuren aus mehr als 400 Zeichen versehen sind, die bis jetzt noch niemand entziffern konnte. Es war also eine hoch entwickelte, unbekannte Kultur, möglicherweise jene, auf die sich die Veda bezog, die Sammlung religiöser Hinduschriften. Darin ist nämlich von einer

gewaltfreien, herrlichen, fortschrittlichen Zivilisation die Rede, die an den Ufern des Sarasvati lebte.

Alles endete jedoch um das Jahr 1500 v. Chr., als irgendetwas die Harappa-Kultur auslöschte. Nach knapp einem Millennium wurde Mohenjo-Daro verlassen. Etliche Forscher sehen eine Verbindung zwischen der Flucht und der Umleitung der Wasserläufe, die die Stadt angeblich nicht mehr versorgten. Einige denken an eine extreme Überbevölkerung. Eine Einwohnerzahl von 400 000 Menschen hätte angeblich zum Kollaps der Stadt geführt. Andere wiederum gehen von einer möglichen Invasion der Arier im Rahmen ihrer zerstörerischen Eroberungsfeldzüge zu Ehren des Gottes Indra aus. Aber es gibt auch eine ganz andere fantastische und unglaubliche Theorie. Im Jahr 1979 veröffentlichte der Sanskritforscher David Davenport ein Buch mit Sciencefictioncharakter, bei dem es um Mohenjo-Daro geht, dass seiner Meinung nach von einer unglaublichen Gewalt zerstört wurde. Analysen von Experten der Universität Rom zeigen, dass verglast aufgefundene Armbänder, Amphoren und Steine einst einer Hitze von mehr als 1500 °C ausgesetzt waren. Diese Art der Schmelzung mit Kristallisation lässt an eine Atomexplosion oder einen Meteoriteneinschlag denken. Damit nicht genug: Es gibt kaum Skelette, die von diesem dramatischen Ende zeugen. Dennoch haben Laboranalysen gezeigt, dass sie ebenso wie die Steine im Gebiet radioaktiv sind. Die Uran- und Plutoniumwerte sollen absolut außerhalb der Norm liegen. Die fantastische Hypothese von Davenport lautet wie folgt: Bereits vor Jahrtausenden wurde im Himmel über dem Indus-Tal ein

150–151 Das Wohnviertel von Mohenjo-Daro führte zur Zitadelle, wo Bäder für geheimnisvolle Zeremonien und Riten vorhanden waren. Der Name bedeutet jedoch Berg der Toten. Aus welchem Grund? Und wann wurde das riesige Bauwerk errichtet, das an die buddhistischen Stupas erinnert?

151 Viele haben die zylindrischen Bauten von Mohenjo-Daro mit rätselhaften Türmen verwechselt. Es ist aber wahrscheinlicher, dass es sich um riesige Rohre handelte, um die darunter liegenden Wasserbrunnen zu erreichen.

152 Die herrlichen Steintafeln, die im Rahmen der Ausgrabungen von Mohenjo-Daro gefunden wurde, zeigen eine piktografische Schrift. Sie werden in der Zeit der Harappa-Kultur zwischen 2500 und 1700 v. Chr. datiert. Diese Steinsiegel stellen uralte Tiere dar, darunter auch das sagenumwobene Einhorn. Die dazugehörige Inschrift wurde allerdings noch nicht entziffert.

153 Das Karachi-Museum in Pakistan birgt einen Großteil der außergewöhnlichen und unerklärlichen Fundstücke aus den Ausgrabungen von Mohenjo-Daro. Eines der größten Rätsel ist die abgebildete Skulptur, die eine stolze, strenge menschliche Figur darstellt, die die Wissenschaftler als einen möglichen Priester aus der Indus-Kultur identifiziert haben.

Atomkrieg ausgefochten, möglicherweise mit den berühmten Vimanas, die in den indischen religiösen Schriften zitiert werden. Vimana bedeutet »Gegenstand, der den Himmel quert«. In den alten Hindutexten wie der Veda und Purana steht geschrieben, dass die Götter Vimanas fliegende Streitwagen für ihre Kämpfe benützten: »… dieser glänzende, bemalte Wagen bewegt sich von selbst …« Oder weiter: »Plötzlich erhob sich ein starker Wind, der die Berge erzittern ließ, und in der Luft sah man eine Flamme wandern.« Im Mahabharata steht dagegen geschrieben: »Wir erblickten im Himmel … einen riesigen, dunklen Vimana, der flammende Projektile abschoss.

Er näherte sich mit unglaublicher Geschwindigkeit dem Boden und schoss Feuerräder ab.« Außerdem ist von einem Strahl in seinem Inneren die Rede, der ganze Heere einäschern sollte und bei den Überlebenden Nägel und Haare ausfallen ließ. Es wird auch die Waffe von Agneya beschrieben: »Ein leuchtender Pfeil, der den Glanz des Feuers ohne Rauch hatte, wurde abgeschossen. […] Die von der Hitze dieser Waffe verbrannte Welt schien vom Fieber geschüttelt. Sogar das Wasser erhitzte sich, und die Kreaturen, die im Wasser lebten, schienen zu brennen.« Beschreibungen, die Überlebende der Tragödie von Hiroshima und Nagasaki erschauern lassen.

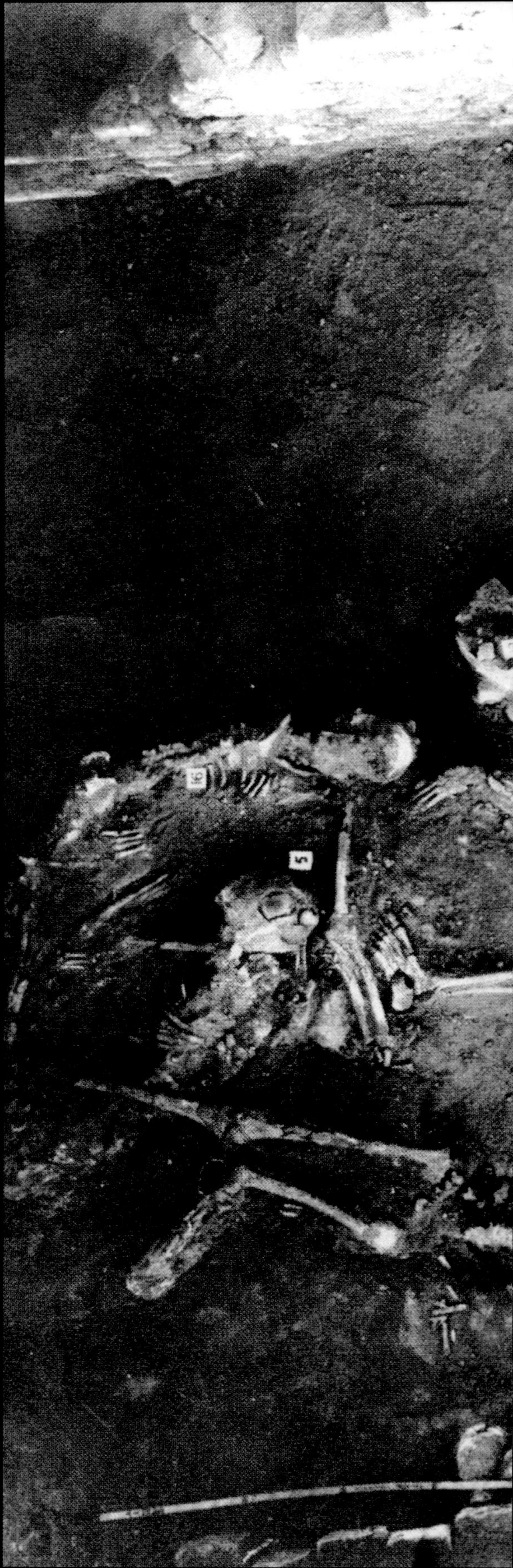

154 Die alten Bewohner von Mohenjo-Daro scheinen plötzlich ohne ersichtlichen Grund verschwunden zu sein. Und dennoch waren sie für eine Kultur, die sich vor 5000 Jahren entwickelte, sehr fortschrittlich. Ein Beispiel sind die Bäder in den Wohnungen, die sogar mit einem Abflussrohr ausgestattet waren.

155 Zwischen den Trümmern von Mohenjo-Daro wurden einige Skelette gefunden; vor allem bei der vom Archäologen John Marshall geleiteten Ausgrabung wurden 13 menschliche Gerippe entdeckt, deren Merkmale auf einen plötzlichen Tod hindeuten. Sie sind nicht auf normalem Weg bestattet worden und lassen auch keine Kampfspuren erkennen. Kalzinationen lassen jedoch an eine plötzliche Welle fürchterlicher Hitze denken.

Die Ashoka-Säule

(28°31'28"N - 77°11'6"O)

IM SPIRITUELLEN HERZEN INDIENS TROTZT EINE RIESIGE EISENSÄULE SEIT MEHR ALS 1500 JAHREN DEM REGEN, OHNE ZU ROSTEN. WIE IST DAS MÖGLICH?

In Delhi stellt eine geheimnisvolle Eisensäule, die sogenannte Ashoka-Säule, die Wissenschaft vor einige Rätsel. Sie steht im Innenhof der altehrwürdigen Quwwat-ul-Islam-Moschee, der ersten Moschee Indiens, die Jahr für Jahr von zahllosen Touristen besichtigt wird. Die Moschee und ihr 74 Meter hohes Minarett wurden im 12. Jahrhundert während der moslemischen Herrschaft in Indien errichtet. Um das Material für die Erbauung dieses majestätischen Komplexes zu beschaffen, wurden 27 hinduistische und jainistische Tempel abgerissen. Die Eisensäule von Delhi aber scheint den Kahlschlag überstanden zu haben. Denn bei ihr handelt es sich um eine mindestens 1600 Jahre alte »Standarte von Vishnu«, einen Kultgegenstand, der in einen hinduistischen Tempel gehört.

Woher kommt die Säule? Wer hat sie geschaffen? Und vor allem: Wie ist es möglich, dass die Eisensäule 16 Jahrhunderte im Freien überdauert hat, ohne vom Rost zerfressen zu werden?

Die aus massivem Eisen gefertigte Säule ist über sieben Meter hoch und wiegt beinahe sieben Tonnen. Dieser Umstand beindruckt umso mehr, wenn man bedenkt, dass es vor 1600 Jahren noch keine Hochöfen gab, um Eisen zu schmelzen und in eine Form zu gießen. Aus diesem Grund muss die Säule aus Schmiedeeisen bestehen. Der wichtigste Teil der Säule ist ihr Kapitell. Es besteht aus acht Teilen, die mit höchster Präzision geschmiedet und zusammengesetzt sind. An der Spitze befindet sich außerdem eine rechteckige Öffnung, in der etwas eingesetzt war, eventuell eine kreisförmige Metallscheibe, ein Chakra.

Laboranalysen, die im Jahr 2010 durchgeführt wurden, haben gezeigt, dass die Struktur der Rostschicht auf der Säule nicht porös ist und keine Bruchstellen aufweist. Die außergewöhnliche Korrosionsbeständigkeit wäre demnach auch auf die dünne Oxidschicht, die die Säule bedeckt, und auf den hohen Phosphorgehalt des Eisens zurückzuführen, aus dem sie gefertigt ist. Das Geheimnis liegt – nach Ansicht der Wissenschaftler – in der Art des verwendeten Eisens.

In Madhya Pradesh im Herzen Indiens gibt es einen alten Stamm namens Agaria, der seit jeher Eisen abgebaut und verarbeitet hat. Ein wichtiger Teil des Geheimnisses bestand darin, jene besondere Art von Gestein mit nicht rostendem Eisen zu finden, das heißt phosphorreiches Gestein. Das Zusammenschmieden der pro Stück rund ein Kilogramm schweren Eisenstäbe war eine sehr aufwendige Prozedur, die gewiss Hunderte Schmiede und kleine Brennöfen gleichzeitig erforderte. Wer konnte eine so aufwendige Arbeit bezahlen?

Eines der Rätsel der Säule ist ihr ursprünglicher Standort. Eine Inschrift besagt, dass sie auf dem »vishnu-pada-giri« errichtet wurde, einem Hügel mit dem Fußabdruck Vishnus. Tatsächlich gibt es in Madhya Pradesh in der Gegend von Vidisha den Hügel von Udaygiri, der von oben wie ein gigantischer Fußabdruck aussieht. Noch dazu liegt er auf dem Wendekreis des Krebses, der einen idealen Bezugspunkt für Sternwarten darstellt. Die geheimnisumwitterte Säule von Delhi könnte also ein Überrest eines uralten, in Vergessenheit geratenen Observatoriums sein.

156 Der Komplex von Quwwat-ul-Islam bietet eine eindrucksvolle Reihe von Monumenten, Gebäuden und Gräbern, darunter die älteste indische Moschee.

157 Die Ashoka-Säule gilt als Standarte von Vishnu. Die Präzision, mit der die acht Teile des Kapitells geschmiedet und verschweißt wurden, ist beeindruckend.

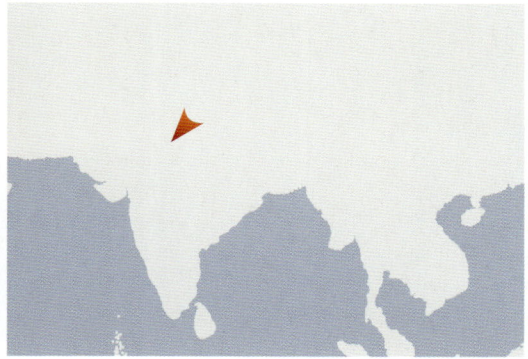

Die Ashoka-Säule

(28°31'28"N — 77°11'6"O)

IM SPIRITUELLEN HERZEN INDIENS TROTZT EINE RIESIGE EISENSÄULE SEIT MEHR ALS 1500 JAHREN DEM REGEN, OHNE ZU ROSTEN. WIE IST DAS MÖGLICH?

In Delhi stellt eine geheimnisvolle Eisensäule, die sogenannte Ashoka-Säule, die Wissenschaft vor einige Rätsel. Sie steht im Innenhof der altehrwürdigen Quwwat-ul-Islam-Moschee, der ersten Moschee Indiens, die Jahr für Jahr von zahllosen Touristen besichtigt wird. Die Moschee und ihr 74 Meter hohes Minarett wurden im 12. Jahrhundert während der moslemischen Herrschaft in Indien errichtet. Um das Material für die Erbauung dieses majestätischen Komplexes zu beschaffen, wurden 27 hinduistische und jainistische Tempel abgerissen. Die Eisensäule von Delhi aber scheint den Kahlschlag überstanden zu haben. Denn bei ihr handelt es sich um eine mindestens 1600 Jahre alte »Standarte von Vishnu«, einen Kultgegenstand, der in einen hinduistischen Tempel gehört.

Woher kommt die Säule? Wer hat sie geschaffen? Und vor allem: Wie ist es möglich, dass die Eisensäule 16 Jahrhunderte im Freien überdauert hat, ohne vom Rost zerfressen zu werden? Die aus massivem Eisen gefertigte Säule ist über sieben Meter hoch und wiegt beinahe sieben Tonnen. Dieser Umstand beindruckt umso mehr, wenn man bedenkt, dass es vor 1600 Jahren noch keine Hochöfen gab, um Eisen zu schmelzen und in eine Form zu gießen. Aus diesem Grund muss die Säule aus Schmiedeeisen bestehen. Der wichtigste Teil der Säule ist ihr Kapitell. Es besteht aus acht Teilen, die mit höchster Präzision geschmiedet und zusammengesetzt sind. An der Spitze befindet sich außerdem eine rechteckige Öffnung, in der etwas eingesetzt war, eventuell eine kreisförmige Metallscheibe, ein Chakra.

Laboranalysen, die im Jahr 2010 durchgeführt wurden, haben gezeigt, dass die Struktur der Rostschicht auf der Säule nicht porös ist und keine Bruchstellen aufweist. Die außergewöhnliche Korrosionsbeständigkeit wäre demnach auch auf die dünne Oxidschicht, die die Säule bedeckt, und auf den hohen Phosphorgehalt des Eisens zurückzuführen, aus dem sie gefertigt ist. Das Geheimnis liegt – nach Ansicht der Wissenschaftler – in der Art des verwendeten Eisens.

In Madhya Pradesh im Herzen Indiens gibt es einen alten Stamm namens Agaria, der seit jeher Eisen abgebaut und verarbeitet hat. Ein wichtiger Teil des Geheimnisses bestand darin, jene besondere Art von Gestein mit nicht rostendem Eisen zu finden, das heißt phosphorreiches Gestein. Das Zusammenschmieden der pro Stück rund ein Kilogramm schweren Eisenstäbe war eine sehr aufwendige Prozedur, die gewiss Hunderte Schmiede und kleine Brennöfen gleichzeitig erforderte. Wer konnte eine so aufwendige Arbeit bezahlen?

Eines der Rätsel der Säule ist ihr ursprünglicher Standort. Eine Inschrift besagt, dass sie auf dem »vishnu-pada-giri« errichtet wurde, einem Hügel mit dem Fußabdruck Vishnus. Tatsächlich gibt es in Madhya Pradesh in der Gegend von Vidisha den Hügel von Udaygiri, der von oben wie ein gigantischer Fußabdruck aussieht. Noch dazu liegt er auf dem Wendekreis des Krebses, der einen idealen Bezugspunkt für Sternwarten darstellt. Die geheimnisumwitterte Säule von Delhi könnte also ein Überrest eines uralten, in Vergessenheit geratenen Observatoriums sein.

156 Der Komplex von Quwwat-ul-Islam bietet eine eindrucksvolle Reihe von Monumenten, Gebäuden und Gräbern, darunter die älteste indische Moschee.

157 Die Ashoka-Säule gilt als Standarte von Vishnu. Die Präzision, mit der die acht Teile des Kapitells geschmiedet und verschweißt wurden, ist beeindruckend.

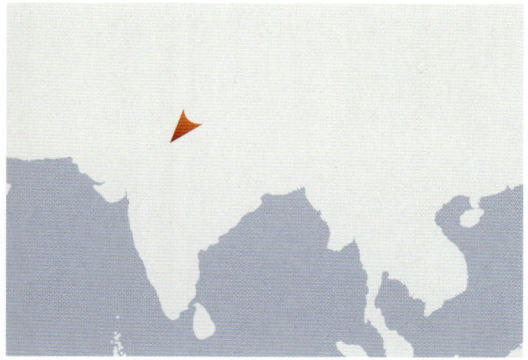

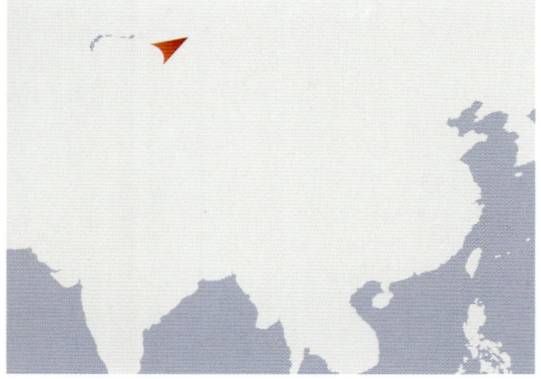

Mogui Cheng

(45°30'N - 85°55'O)

DIE »STADT DER DÄMONEN« IN DER UNWIRTLICHEN WÜSTE CHINAS SCHEINT SICH NACHTS AUF UNHEIMLICHE WEISE ZU BELEBEN

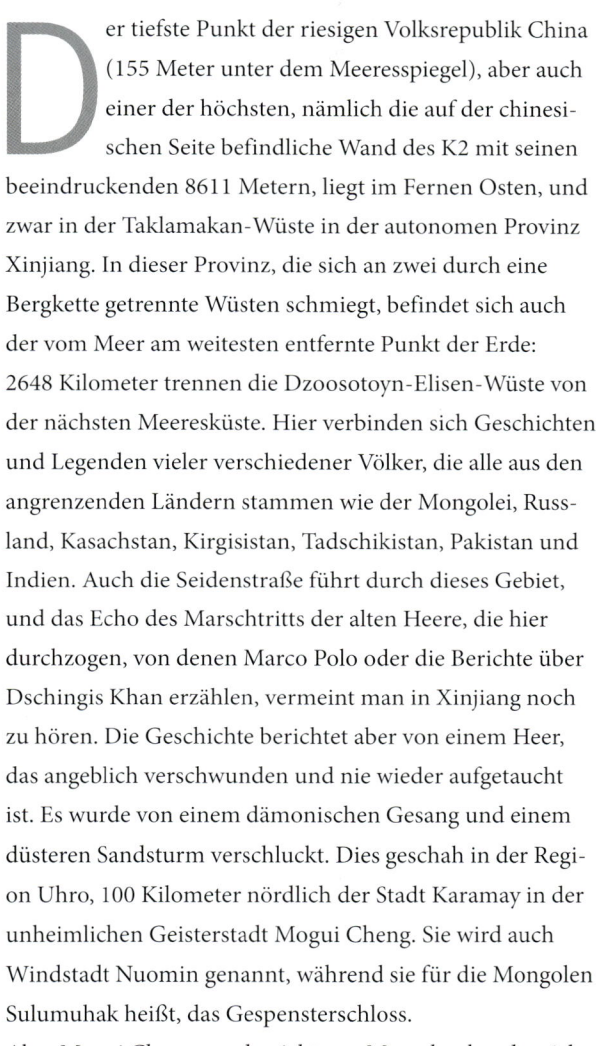

Der tiefste Punkt der riesigen Volksrepublik China (155 Meter unter dem Meeresspiegel), aber auch einer der höchsten, nämlich die auf der chinesischen Seite befindliche Wand des K2 mit seinen beeindruckenden 8611 Metern, liegt im Fernen Osten, und zwar in der Taklamakan-Wüste in der autonomen Provinz Xinjiang. In dieser Provinz, die sich an zwei durch eine Bergkette getrennte Wüsten schmiegt, befindet sich auch der vom Meer am weitesten entfernte Punkt der Erde: 2648 Kilometer trennen die Dzoosotoyn-Elisen-Wüste von der nächsten Meeresküste. Hier verbinden sich Geschichten und Legenden vieler verschiedener Völker, die alle aus den angrenzenden Ländern stammen wie der Mongolei, Russland, Kasachstan, Kirgisistan, Tadschikistan, Pakistan und Indien. Auch die Seidenstraße führt durch dieses Gebiet, und das Echo des Marschtritts der alten Heere, die hier durchzogen, von denen Marco Polo oder die Berichte über Dschingis Khan erzählen, vermeint man in Xinjiang noch zu hören. Die Geschichte berichtet aber von einem Heer, das angeblich verschwunden und nie wieder aufgetaucht ist. Es wurde von einem dämonischen Gesang und einem düsteren Sandsturm verschluckt. Dies geschah in der Region Uhro, 100 Kilometer nördlich der Stadt Karamay in der unheimlichen Geisterstadt Mogui Cheng. Sie wird auch Windstadt Nuomin genannt, während sie für die Mongolen Sulumuhak heißt, das Gespensterschloss.

Aber Mogui Cheng wurde nicht von Menschenhand errichtet. Es handelt sich um ein unbeschreibliches Wüstengebiet mit rund 30 Quadratkilometern, gepeitscht von Windböen und Regengüssen, die zur Erosion des Bodens und so zur Bildung von imposanten, unheimlichen Gebilden führen, die tatsächlich an alte Schlösser, Türme und verlassene Häuser einer Geisterstadt erinnern. Aber auch menschliche sowie nicht menschliche Antlitze und furcherregende Profile von unbekannten Dämonen sind zu erkennen. Hier weht der Wind gnadenlos 24 Stunden am Tag und erreicht Spitzengeschwindigkeiten bis zur Windstärke 10, wie sie auf dem Festland nur selten zu messen sind. Nachts fegt dann der Sand durch die Luft, Steine schlagen aufeinander, und schauerliche Geräusche ertönen zwischen den Gebilden der Geisterstadt. Der Überlieferung nach sind es die Stimmen der Geister, die Mogui Cheng quälen, oder die diabolische Schar von Yen-Lo-Wang, der als Wächter und Richter der Hölle bekannten taoistischen Gottheit.

Wenn man über die prasselnden Kieselsteine der Geisterstadt schreitet, findet man mit viel Glück rote Karneole, die wegen ihrer angeblichen magischen Eigenschaften auch Kristall des Orakels genannt werden und Sehern den Blick in die Vergangenheit ermöglichen – eine Vergangenheit, die für diese Stadt endlose Einsamkeit und Trostlosigkeit bedeutet. Aber sie steht auch für eine ganz andere Geschichte, in der es um Seen geht, aus denen Dinosaurier vor Hunderten Millionen Jahren tranken, bevor eine große Naturkatastrophe sie für immer auslöschte. Das ist zwar eine andere Geschichte, aber sie spielt auch in dieser rätselhaften und faszinierenden Region Chinas.

158–159 Untertags wirken die vom Wind gebildeten Hügel von Mogui Cheng wie ästhetisch reizvolle, beeindruckende Formationen. Sobald aber die Sonne untergeht, scheinen sich die Rundungen und Ecken der geologischen Reliefs in archaische Gebilde zu verwandeln, und der Wind, der durch sie hindurchfegt, erzeugt schauerliche Stimmen und Schreie.

158 Gaochang ist eine alte Stadt, die im 1. Jahrhundert v. Chr. in der Nähe einer Oase in der unwirtlichen Taklamakan-Wüste in der Provinz Xinjiang in China entstand. Über Jahrhunderte machten dort entlang der Seidenstraße reisende Kaufleute Station, bis sie im 14. Jahrhundert im Zuge der Kriege der Mingdynastie zerstört wurde.

160–161 und 161 *Tiger and Dragon* ist das filmische Meisterwerk von Ang Lee, das 2001 vier Oscars gewann, darunter jenen für den besten ausländischen Film. Zur Auszeichnung für das beste Szenenbild und die beste Kamera haben wohl auch die rätselhaften Gebilde der Geisterstadt Mogui Cheng wesentlich beigetragen, die der taiwanesische Regisseur auswählte, um die »unnatürlichen« Wunder der Region Xinjiang zu unterstreichen.

Die Pyramide von Xi'an

(*34°23'5,71"N* ✴ *109°16'23,19"O*)

DAS GRÖSSTE GRABMAL DER WELT MUSSTE ALLES BEINHALTEN, WAS QIN SHI HUANG, DER MANN, DER CHINA EINTE, SICH IM LAUF SEINES LEBENS ANGEEIGNET HATTE

In der chinesischen Provinz Shaanxi beginnt wenige Kilometer von der Stadt Xi'an entfernt eine außergewöhnliche Welt. Zwischen den Gehöften ragen Hunderte Erdhügel empor, manche von mittlerer Größer, manche mit gigantischen Ausmaßen. Was sich darin verbirgt, ist noch ein Rätsel, aber wir wissen, wer dort begraben ist: Kaiser, Feldherren, Adelige und einige der reichsten Menschen, die je auf Erden gelebt haben. Vor 2000 Jahren floss in diesem Gebiet das Blut in Strömen; Heere prallten aufeinander, Dynastien stiegen auf und gingen unter. Und rundum hallte das Echo der Tausenden Arbeiter, die mit der Errichtung der Grabmale beschäftigt waren. Es sind Monumente aus einer fantastischen Welt, die auch nach dem Tod Fortbestand haben sollten. Sie zeugen von Macht und Reichtum und schufen Statussymbole für die Ewigkeit. Das bedeutendste dieser Gräber ist aber auch mit dem Unglück vieler Menschen verbunden.

Wir schreiben das Jahr 246 v. Chr. China befindet sich in der »Zeit der streitenden Reiche«. In einem davon, das den Namen Qín trägt, hat ein neuer König vor kurzem den Thron bestiegen. Er ist erst 13 Jahre alt, aber eine seiner ersten Entscheidungen als Herrscher ist, den Bau seines Grabmals anzuordnen. Gräber von wichtigen Persönlichkeiten mussten auf höher gelegenem Terrain gebaut werden; das Grab eines Königs musste demnach am höchsten von allen liegen. Die Baumeister wählten einen Ort an den Hängen des Bergs Li. Sie konnten aber nicht ahnen, dass das Mausoleum, an dessen Errichtung sie sich machten, eines der größten Bauwerke der Erde würde. Qín Shiuángdì, der Kinderkönig von Qin wurde nicht nur recht alt, es gelang ihm auch, die streitenden Reiche unter seiner Herrschaft in einem einzigen Großreich zu vereinen, dem Reich von Qin oder, anders ausgedrückt, China. Die Architekten hatten den Auftrag, ein Grabmal für den mächtigsten Mann der chinesischen Geschichte zu errichten, das diesem im Jenseits die ganze Palette kaiserlicher Macht- und Prachtentfaltung sicherte. Unter einem eigens dafür aufgeschütteten Berg entstand so eine unterirdische Reproduktion eines vollständigen Kaiserpalasts. Dieser künstliche Berg hat heute eine Seitenlänge von rund 350 Metern, eine Höhe von 70 Metern und wurde aus mehr als 3,5 Millionen Tonnen Erde aufgehäuft. Mit fast 6000 Hektar ist er eine der weltweit größten Grabanlagen. In alten Berichten steht dazu: »An der Decke funkelten Sternbilder. Auf dem Fußboden war das Reich des Kaisers mit Flüssen und Ozeanen aus Quecksilber und Repliken aller seiner Paläste dargestellt, die bereit waren, seine Seele aufzunehmen. Alles war von Dingen umgeben, die er benötigen würde, um im Jenseits zu herrschen, so wie er es zu Lebzeiten getan hatte.« In dieser Schilderung wird die aus 8000 Kriegern bestehende spektakuläre Terrakottaarmee von Xi'an nicht einmal erwähnt.

162 Einer der Monumentalbauten der Provinz Shaanxi ist das Maoling-Mausoleum nahe Xi'an, das das Grab des Han-Kaisers Wudi und jenes der Kaiserin Li und der Prinzessin Yang Xin umfasst. Das Grab des Kaisers ist das größte der fünf Mausoleen der Han-Dynastie und wird auch als »Pyramide des Ostens« bezeichnet.

163 Die Terrakottaarmee des ersten Kaisers, auch als »ewige Armee« bekannt, ist nur einer der unfassbaren Schätze im Mausoleum von Qin Shi Huang. Seit mehr als 2000 Jahren steht dieses Heer in Reih und Glied, um den Kaiser auf seiner Reise in die Ewigkeit zu begleiten und unter seinem Befehl im Jenseits zu kämpfen.

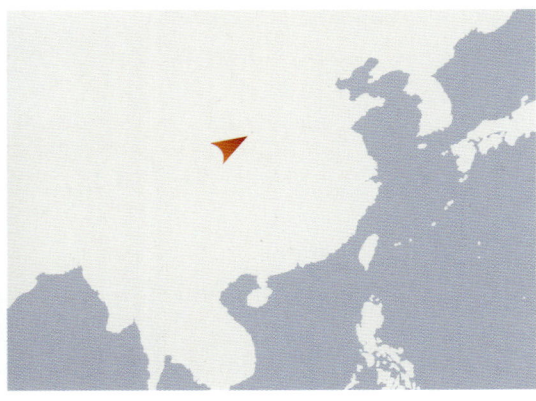

164 Qín Shihuángdì war der erste chinesische Kaiser und jener Mann, der China einte. Ihm verdankt das Land auch den Namen. Er ist eine der umstrittensten Persönlichkeiten der Geschichte. Sein wahnsinniger Traum, das gesamte Reich in seinem Mausoleum zu reproduzieren, scheiterte womöglich an seiner Grausamkeit und den zallosen Menschen, die er bedenkenlos seinem Grabmal und dessen Ausschmückungen opferte.

Für dieses Werk wurde aber auch viel Blut vergossen. Neben Hunderten von Menschenopfern ließen auch Tausende Arbeiter ihr Leben. Sie schufteten vom Morgengrauen bis zum Sonnenuntergang, bis sie aus Mangel an Nahrung und Schlaf entkräftet starben. Alle Bürger des Reichs mussten ein Jahr ihres Lebens der Errichtung des Grabmals opfern. Viele blieben aber sehr viel länger und kehrten nie mehr nach Hause zurück.

So beeindruckend und spektakulär das Grab des ersten Kaisers auch wirkt, so erschreckend ist es auch in Anbetracht des Schmerzes, den seine Errichtung verursachte.

Es gibt noch eine weitere Frage: Aus den Quellen geht hervor, dass das fertiggestellte Grab 115 Meter hoch war, also deutlich höher als heute. Bei dieser Höhe hätte die Länge seiner Seiten rund 500 Meter betragen müssen, das heißt, seine Abmessungen hätten fünfmal größer als die derzeitigen und viermal größer als die ägyptischen Pyramiden sein müssen. Warum ist es heute so viel kleiner? Viele Experten meinen, dass 2000 Jahre Wind und Regen den riesigen Erdhügel großenteils abgetragen haben. Nach einer anderen Theorie ist das Grab jedoch niedriger, weil es nie fertiggestellt wurde. Denn als Qín Shihuángdì 210 v. Chr. starb, erhob sich das Volk und fegte seine Dynastie hinweg. Aber auch nach über 2000 Jahren hat sein größtes Werk noch Bestand: das geeinte China.

164–165 Die »ewige Armee« des ersten Kaisers von China ist nur ein winziger Teil
seines unermesslichen Schatzes. Die mehr als 8000 Krieger, die Qín Shǐhuángdì
ins Jenseits begleiteten, werden in den Aufzählungen der Kostbarkeiten, die
sich angeblich in seinem Mausoleum befinden, nicht mit einer Silbe erwähnt und
stehen abgeschieden und zusammengedrängt in einem seitlichen Bereich des
Bauwerks; es scheint fast so, als sollte der Blick auf etwas anderes im prunkvollen
Grab von Xi'an gelenkt werden.

Die Ruinen von Yonaguni

(*24°26'58"N* 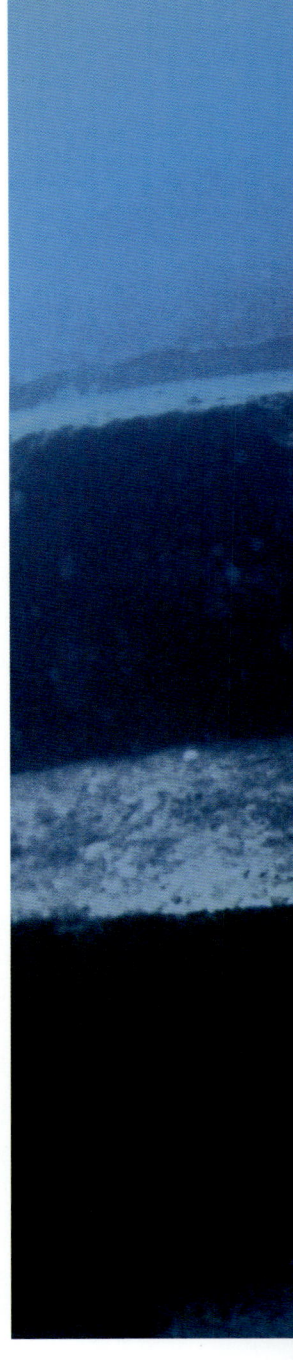 *122°56'1"O*)

EINE UNTERWASSERFESTUNG SCHEINT AUF DEM STEIL ABFALLENDEN MEERES-BODEN VOR OKINAWA ZU LIEGEN. SIE TRÄGT DEN NAMEN »PALAST DES MEERES«

Auf dem steil abfallenden Meeresboden bei den Ryukyu-Inseln am westlichsten Punkt Japans liegt ein uraltes Geheimnis verborgen. Der Unterwasserforscher Kikachiro Aratake machte hier vor der kleinen Insel Yonaguni eine sensationelle Entdeckung: eine majestätische Steinformation wie eine Art Unterwasserfestung, die scheinbar von Menschenhand gemeißelt und modelliert wurde.

Aus welcher Zeit könnte dieses Werk stammen? Wer könnten die Erbauer eines vor Tausenden Jahren auf dem Grund des Meeres vergessenen Tempels sein? Nach Jahren der Recherchen, die von Masaaki Kimura, Professor für Ozeanografie der Universität der Ryukyu-Inseln, koordiniert wurden, deuten die Daten des unglaublichen Funds auf einen einzigen bearbeiteten Steinblock mit 20 Metern Höhe, 200 Metern Tiefe und 150 Metern Breite hin. Sein Aufbau ist pyramidenförmig und er verfügt über riesige Terrassen, Treppen und sogar Wege in seinem Inneren. Wer konnte etwas Derartiges geschaffen haben? Wie? Und wann? Nach Ansicht einiger Geologen kann dies nur das Werk der Natur sein. Demnach soll eine Kombination von Naturereignissen unter Wasser zu einer geometrischen Erosion der untergetauchten Festung geführt haben. Laut Professor Kimura gibt es aber zwei mögliche Datierungen, denen zwei verschiedene Szenarien entsprechen. Die erste Möglichkeit ist, dass das gesamte Gebiet durch die Eisschmelze während der letzten Eiszeit vor rund 10 000 Jahren und das daraus resultierende Ansteigen des Meeresspiegels überflutet wurde. Durch den Klimawandel wurde eine unbekannte alte Kultur zur Gänze ausgelöscht.

Aber der archäologische Komplex von Yonaguni könnte auch aus jüngerer Zeit (4000–400 v. Chr.) stammen. In diesem Fall müsste er nach einem verheerenden Erd- und Seebeben, wie sie diese Region der Erde regelmäßig heimsuchen, auf dem Meeresboden gelandet sein.

Viele Inselbewohner zitieren dagegen eine alte Ortssage, die noch heute kolportiert wird und von den Taten des Helden Taro Urashima berichtet, der auf einer Schildkröte zum »Unterwasserpalast des Meeresgottes« gebracht wurde. Genau dieses Tier scheint in das Bauwerk von Yonaguni eingemeißelt zu sein; ein Teil der Pyramide wird nämlich »heiliges Areal« genannt, weil dort einige seltsame Funde gemacht wurden: ein steinerner Vogel, ein Dreiecksbecken und ein in Schildkrötenform bearbeiteter Steinblock, der stark den Kamekobaka ähnelt, den für die Tradition Okinawas typischen Gräbern.

Um den stufenförmig angelegten Zentralteil verläuft ein kreisförmiger Weg mit sechs bis 15 Metern Breite, der von einer niedrigen Mauer begrenzt wird, die sich nur bei einem bogenförmigen Tor öffnet. Außerhalb dieses Rings, der die Umfangslinie der Hauptpyramide bildet, befinden sich weitere fünf kleinere Gebäude.

Die Fassade des Bauwerks ist nach Süden ausgerichtet; von dort gehen die Treppen zu den Bereichen ab, die »heiliges Areal« (Osten) und »Terrasse« (Westen) genannt werden. Letzterer zeichnet sich durch beeindruckende, senkrecht zueinander stehende und perfekt in rechtem Winkel geschnittene Felsen aus.

Im obersten Teil der Pyramide gibt es drei zylindrische Öffnungen, die so aussehen, als hätten sie große Pfeiler aufnehmen können, die jedoch möglicherweise eingestürzt sind, und eine Falltür, die zu einem darunter liegenden Raum führt, in dem sich ein Dolmen befindet. Ein weiter Bau namens Goshintai umschließt einen faszinierenden Stein, der nach Ansicht mancher Forscher eine uralte Sonnenuhr gewesen sein könnte.

167 Der Zentralteil des unter Wasser befindlichen Bauwerks von Yonaguni ist eine mächtige Pyramide mit einer Ausdehnung von 20 Metern Höhe, 150 Metern Breite und 200 Metern Länge. Rundum verläuft ein kreisförmiger, zwischen sechs und 15 Meter breiter Weg, der »Ringweg« genannt und von einer niedrigen Mauer begrenzt wird, die sich im Bereich eines bogenförmigen Tors öffnet. Außerhalb befinden sich rund um diese unglaubliche Festung weitere fünf kleinere Bauwerke.

168 Es gibt zwei Stellen in Yonaguni, die »Terrasse« genannt werden: die Hauptterrasse und die obere Terrasse. Die Felsen, aus denen sie gebildet werden, stehen im rechten Winkel zueinander und wirken perfekt bearbeitet. Der gesamte Block ist nach Süden ausgerichtet. Selbst wenn das Gebilde ein Werk der Natur ist, wie Skeptiker meinen, bietet es dennoch einen einzigartigen Anblick.

169 Es gibt zwei Möglichkeiten, um die Unterwasserruinen von Yonaguni zu bewundern. Die erste besteht darin, eine halbe Bootsstunde vom kleinen Hafen von Yonaguni entfernt einen Tauchgang zu unternehmen. Allerdings muss man sich dabei auf die Begegnung mit Hammerhaien gefasst machen, die dieses Meeresgebiet reichlich bevölkern. Eine Alternative stellt eine Tour über den Ruinen mit einem Boot mit Glasboden dar.

Außerhalb des Hauptbaus sind die anderen Konstruktionen durch Laufgräben verbunden, von denen einer zu einem eindrucksvollen Megalithen führt, der einem der Moais auf der Osterinsel ähnelt. Er ist sieben Meter hoch und lässt im oberen Teil einige Gravuren erkennen, die Gesichtszüge darzustellen scheinen, und zwei deutliche Spalte. Diese tragen zu Ehren des verstorbenen französischen Apnoetauchers Jacques Mayol, der viel Zeit an der Pyramide von Yonaguni verbracht hat, die Bezeichnung »die Augen von Jacques«. Ist es möglich, dass all dies ein Werk der Natur ist? Oder soll man an eine vor Tausenden Jahren verschwundene Kultur glauben, die keine anderen Spuren als diese untergetauchte Pyramide hinterließ? Unter den Befürwortern der zweiten These berufen sich viele auf Mu, den sagenhaften Kontinent, der in der Vorzeit im Pazifik zwischen Japan und Südamerika existiert haben soll und nach seinem Untergang in Vergessenheit geraten ist. Sicher ist nur, dass zu jenen Zeiten, die die Wissenschaftler als mögliche Epochen für die Entstehung der unter Wasser befindlichen Bauten von Yonaguni annehmen, keine bekannte und entsprechend hoch entwickelte Kultur auf dieser Insel gelebt hat. Es scheint, als sei das Geheimnis auf dem Meeresgrund gut gehütet.

KAMBODSCHA

Angkor

(13°24′45″N ✷ 103°52′0″O)

IM HERZEN VON KAMBODSCHA BLIEB EIN ALTES, HERRLICHES, IN STEIN
GEMEISSELTES GEHEIMNIS ÜBER JAHRHUNDERTE IM WALD VERGESSEN

Angkor Wat, Kambodscha: ein beeindruckender, geheimnisumwitterter Ort, eine alte Stadt, die heute als eines der großen Wunder unseres Planeten gilt. Ihr Name stammt aus dem alten Sanskrit und bedeutet in der Khmersprache »Tempel der Hauptstadt«. Sie ist ein magischer, faszinierender Ort mit überaus eindrucksvoller Architektur. Nicht zufällig wurde sie zur Hauptattraktion Kambodschas und ist heute auf dessen Nationalflagge abgebildet. Aber im Inneren dieser Stadt verbergen sich noch viele ungelöste Geheimnisse. Die Mauern der heiligen Tempel von Angkor bergen eine uralte Geschichte: Ihre Steine und Flachreliefs erzählen eine unglaubliche Legende, aufgespannt zwischen dem Himmel, den Sternen und Prophezeiungen.

Von oben betrachtet sieht Angkor wie ein Stadtplan aus. Das Hauptgebäude ist ein nach den Tagundnachtgleichen, das heißt nach Osten und Westen, ausgerichteter Bau, der so angelegt ist, dass zum Frühlingsäquinoktium die Sonne über seinem mittleren Turm aufgeht. Eine bedeutende Rolle scheint überdies die Zahl 72 gespielt zu haben, die die alten Baumeister diesem Baukomplex anscheinend bewusst zugrunde gelegt haben. Vielleicht ist es nur Zufall, aber genau 72 Längengrade trennen Angkor von der legendären Cheopspyramide im Westen sowie genau 144 Längengrade (2 mal 72) von den Moai auf den Osterinseln im Osten. In Angkor wurden bis heute über 1000 Tempel und Heiligtümer entdeckt.

Ein weiterer Leckerbissen für Zahlenmystiker: Im Hinduismus gibt es vier Zeitalter: Krita Yuga mit einer Dauer von 1 728 000 Jahren, Treta Yuga (1 296 000 Jahre), danach Dvapara (864 000 Jahre) und schließlich Kali Yuga (432 000 Jahre). Wenn sie in Hat gemessen werden, der lokalen Maßeinheit, die ungefähr einem halben Meter entspricht, stimmen sie mit den vier Vierteln von Angkor überein. Wer immer dieses Juwel der Baukunst errichtet hat – er wusste genau, was die Zahlen an diesem Ort darzustellen und auszudrücken hatten.

Sollte eine Verbindung zwischen den geheimnisvollen Orten auf unserem Planeten existieren, könnte diese im Zusammenhang mit den Sternen stehen. Diese fantastische Hypothese hat zu den unglaublichsten Theorien geführt: So könnte der Plan der Bauten von Angkor beispielsweise das Sternbild des Drachen wiedergeben, während die Pyramiden von Gizeh den Gürtel des Orion zu reproduzieren scheinen. Das Sternbild des Drachen war zum Frühlingsäquinoktium in den Breiten von Angkor das letzte Mal im Jahr 10 500 v. Chr. zu sehen; etwa zur gleichen Zeit spiegelte sich die Sphinx von Gizeh dagegen am Horizont mit dem Sternbild des Löwen, das sie nach Auffassung mancher Astrologen repräsentiert. Es ist dies eine fantasievolle Theorie, die alles auf den Kopf stellen würde, was wir über die alte Geschichte der Zivilisationen unseres Planeten wissen. Nach geltender Lehrmeinung gab es vor 12 000 Jahren noch keine Menschen, die in der Lage gewesen wären, so große

170–171 Eine kürzlich durchgeführte Studie ergab, dass Angkor die größte Metropole des Mittelalters war. Rund um die religiösen Bauwerke erstreckte sich eine rund 1000 Quadratkilometer große Ansiedlung mit einem komplexen Kanalsystem, ein Gebiet, das dem heutigen Los Angeles vergleichbar ist. In seiner Blütezeit sollen in diesem Gebiet rund eine Million Menschen gelebt haben.

171 Entsprechend jedem Kardinalpunkt existiert ein Eingang zu Angkor Wat. Der gesamte Tempel stellt den Berg Meru dar, den Olymp der Khmer: fünf Türme entsprechen dessen fünf Gipfeln, und wie der Berg vom Ozean ist auch der Tempel von Wasser umgeben. Der Zugang zu den höher gelegenen Bereichen war immer eingeschränkt, denn Menschen niedrigeren Ranges mussten im äußersten Bereich bleiben.

und komplexe Bauwerke zu errichten. Die offizielle Archäologie geht jedenfalls davon aus, dass Angkor Wat zwischen den Jahren 1113 und 1150 n. Chr. auf Anordnung des Khmerkönigs Suryavarman II. erbaut wurde.

Aber auf 1200 Quadratmetern eindrucksvoller, minutiös gestalteter Flachreliefs, die diese kambodschanischen Häuser zieren, gibt es noch ein weiteres interessantes Indiz: In Stein gehauen wird dort ein Teil der hinduistischen Mythologie erzählt, nämlich das »Quirlen des Milchozeans«. Manche vertreten die Ansicht, dass es sich um eine Metapher zur Darstellung einer ganz präziseten wissenschaftlichen Theorie handelt, und zwar der Präzession der Tagundnachtgleichen – ein grundlegendes astronomisches Phänomen, das alle Himmels-

beobachter kennen müssen. Die Asuras und Devas ziehen die Windungen der Schlange – die das Sternbild des Drachen repräsentieren soll –, um den Mandera-Berg, um den Übergang von einem astrologischen Zeitalter zum anderen zu erleichtern. So erklärt es sich, dass der Himmel, den wir beobachten, sich im Lauf der Jahrhunderte langsam verändert. Eine letzte Kuriosität: Im Tempel von Ta Prohm – einem der wenigen, die nicht renoviert wurden – heizt ein weiteres merkwürdiges Bild die Fantasie der Touristen an. Es handelt sich um das Flachrelief einer Tiergestalt, die verblüffend dem prähistorischen Stegosaurus ähnelt. Diese Art starb vor 140 Millionen Jahren aus, als die Erde noch gar nicht von Menschen bewohnt war.

172 oben und unten Rund um den zentralen Tempel von Angkor Wat verläuft ein atemberaubend schöner Gang, auf dessen Innenwand auf jeder Seite eine lange Sequenz von Flachreliefs zu bewundern ist. Insgesamt bedecken sie rund 800 Meter Wand. Das außergewöhnlichste Relief stellt das »Quirlen des Milchozeans« dar, eine Erzählung aus der hinduistischen Mythologie.

172–173 Das Relief »der Himmel und Höllen« stellt 32 Höllen und 37 Paradiese der hinduistischen Mythologie dar. Es zeigt die grausamen Leiden derer, die die Gesetze der Gemeinschaft verletzen. Wer beispielsweise Blumen im Garten Shivas pflückt, muss damit rechnen, dass er die Ewigkeit mit einem von Nägeln durchbohrten Kopf verbringen muss.

174 oben Der Name des Tempels Ta Prohm bedeutet »alter Brah-
ma«. Er war einer der ersten Tempel, die unter Jayavarman VII.
errichtet wurden. Eine Stele gibt an, dass der Komplex von mehr
als 12 000 Menschen bewohnt war. Mit dem Ende des Khmerreichs
verfiel er und wurde vor allem von Würgefeigen überwuchert.

174 unten Die üppigen Ornamente, die den Tempel Ta Prohm zieren, stellen verschiedene Tiere dar: Affen, Hirsche, Wasserbüffel,
Papageien und Eidechsen. Eine Abbildung hat jedoch die Fantasie
angeheizt. Sie scheint nämlich einen Stegosaurus darzustellen,
einen Dinosaurier, der vor 140 Millionen Jahren ausstarb.

175 Der Bayon ist der jüngste in Angkor errichtete Tempel.
Seine Türme sind aus riesigen steinernen Gesichtern gebildet.
Einige Theorien besagen, dass es sich um Darstellungen von
König Jayavarman VII. handelt, andere dagegen sehen darin
Bodhisattva Lokessvara, den Meister des Mitgefühls.

Uluru

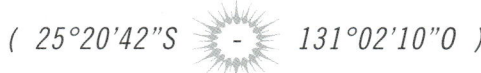

(25°20'42"S - 131°02'10"O)

DAS GEHEIMNISVOLLE HERZ AUSTRALIENS UND ZENTRUM URALTEN WISSENS
DER ABORIGINES IST EIN MÄCHTIGER FELSBLOCK INMITTEN DER WÜSTE

Australien ist eine der ältesten Landmassen der Erde, ein ebenso geheimnisvoller wie ressourcenreicher Kontinent, der sich zu manchen Zeiten des Jahres ausgedörrt und unwirtlich präsentiert. In diesem riesigen Land siedelte sich vor mehr als 50 000 Jahren die vielleicht älteste Zivilisation unserer Erde an, die noch heute existiert: Männer und Frauen mit geheimnisvollen sensorischen Fähigkeiten und Kenntnissen, die der restlichen Welt verloren gegangen sind.

Der Mittelpunkt Australiens, wegen der Farbe seines Gesteins auch rotes Herz genannt, ist ein wüstenhaftes, ausgedörrtes Gebiet. Es birgt noch viele ungelöste Rätsel, darunter einzigartige geologische Formationen wie den Mount Conner mit seinem flachen Gipfel oder den herrlichen Kata Tjuta, der den Anangu heilig ist. Die berühmteste Formation ist allerdings der legendäre Uluru.

Der englische Kapitän James Cook war der erste Weiße, der Australiens Küsten erforschte. Das war im Jahr 1770. Zu jener Zeit betrug die Zahl der Aborigines schätzungsweise zwischen 300 000 und einer Million. Sie bestanden aus mehr als 500 Stämmen oder Clans mit unterschiedlichen Sprachen.

Viele Wissenschaftler beschäftigten sich über lange Zeit mit den schamanischen Fähigkeiten der Aborigines. Die ersten Anthropologen, die die Stämme besuchten, berichteten, Männer mit außergewöhnlichen Fähigkeiten gesehen zu haben, die auf ein im Nichts schwebendes Seil klettern, fliegen, nach Belieben auftauchen und verschwinden, schweben, durch Körper sehen, weite Distanzen in einem Augenblick zurücklegen, über Telepathie kommunizieren und hellsehen konnten. Das alles scheint unmög-

lich, denn die Vernunft des aufgeklärten westlichen Menschen widersetzt sich solchen Erzählungen. Und dennoch ist der Zugang zu vielen heiligen Stätten hier für Nichtaborigines verboten, weil man ihre Energie für so stark hält, dass sie Menschen, die sie nicht kennen, geradezu überwältigen kann.

Die Kultur der Aborigines ist die älteste der Welt, älter als die assyro-babylonische und die ägyptische. Seit wann leben sie in Australien? Die ältesten archäologischen Funde stammen aus einer Zeit vor rund 40 000 Jahren. Eines der von Aborigines am dichtesten bewohnten Gebiete ist das Northern Territory, eine Region so groß wie Italien, Frankreich und Spanien zusammen. Da sie mehr als ein Viertel der Bevölkerung ausmachen, wurde hier der Großteil der Zeugnisse ihrer jahrtausendealten Präsenz gefunden.

460 Kilometer von der im Zentrum des australischen Kontinents gelegenen Stadt Alice Springs entfernt befindet sich einer der geheimnisvollsten Orte der Welt. In der Sprache der Aborigines heißt er Uluru, auf Englisch wird er Ayers Rock genannt. Er ist der größte Monolith unseres Planeten und der älteste Fels Australiens. Ein 348 Meter hoher Koloss mit zehn Kilometern Umfang und ständig wechselnder Farbe, die je nach Tages- und Jahreszeit das gesamte Spektrum der Rottöne durchläuft. Am beeindruckendsten ist der Uluru, wenn er, umgeben von der dunklen Wüste, in der Dämmerung magisch leuchtet.

Die Aborigines betrachten ihn als das Prinzip der Erschaffung der Welt in Verbindung mit den alten Legenden über die »Traumzeit«. Der Uluru ist ein heiliger Ort mit immenser Kraft und Energie, an dem heute noch schama-

176–177 und 177 Um die Magie des Uluru zu erfahren, sollte man ihn bei Sonnenuntergang besichtigen. Der uralte, imposante Monolith hat nämlich eine einzigartige Eigenschaft: Er besteht aus Arkose-Sandstein, einem Material, das in der Dämmerung seine Farbe extrem rasch wechselt und dabei alle

Rottöne durchläuft. Während die Wüste ringsum schon dunkel ist, strahlt er in intensivem Orange. Ein weiteres Merkmal dieses Inselbergs – geologisch handelt es sich um einen von anderen Gesteinsformationen isolierten Berg – ist die Kompaktheit seiner Oberfläche.

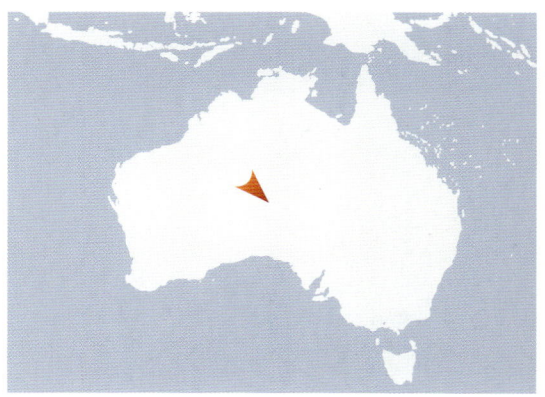

nische Rituale zelebriert werden. In einigen Grotten erzählen
religiöse Malereien die uralte Geschichte der Erde, die die
Aborigines als einen materialisierten Traum betrachten.
In ihrer Weltsicht ist die Zeit nicht linear. Es gibt kein Wort
für Vergangenheit und Zukunft. Die Erinnerung der Väter,
die seit Tausenden Jahren ausschließlich mündlich weitergegeben wird, erzählt die Geschichten der »Traumzeit«, als die
ersten Wesen der Erde dem Himmel und dem Meer entstie-
gen und den Menschen, Pflanzen und Tieren Leben verliehen. Sie sind unter vielen Namen bekannt und werden heute
allgemein als Geister der Vorfahren bezeichnet.
Der Uluru ist auch deswegen ein so bedeutender Ort, weil
viele Geister der Vorfahren dort vorbeikamen. Die Spuren,
die sie hinterlassen haben, sollen heute noch sichtbar sein.
Sie sind Teil des Territoriums und stellen ein dichtes Netz
von heiligen Orten dar, die durch »Traumpfade« miteinander verbunden sind. Einige Wissenschaftler sind der Ansicht,
dass es sich um erdmagnetische Felder handelt, die die Aborigines dank ihrer besonderen Sensibilität und Erfahrung
fühlen können. Mit Sicherheit schlugen sie – ähnlich wie
Zugvögel – einige dieser Pfade während ihrer Wanderungen
ein, was in einem so unwirtlichen Land überlebenswichtig ist.
Die Geologie betrachtet die bizarren Felsformationen, die
man überall finden kann, als Ergebnis der Erosion, aber auch
als Folge eines Meteoritenregens, der vor 4700 Jahren dieses
Gebiet des Planeten zerstörte. In jedem Fall handelt es sich
um eine Kraft, die vom Himmel kommt …

178 und 178–179 Das Wasser, das an den majestätischen Hängen des Uluru in der Nähe von Mutitjulu hinabläuft, ist ein äußerst seltenes Phänomen. Durch das Gewitter, das sich in der Nacht vom 14. Oktober 2010 über dem unverwechselbaren Profil des Ayers Rock entlud, fiel eine Regenmenge, die sich in diesem Wüstengebiet normalerweise über ein ganzes Jahr verteilt.

180 oben Die Darstellungen der Wandjinas, jener Gottheiten der Aborigines, die nach ihrem Glauben von der Milchstraße auf die Erde hinabgestiegen sind, zählen zu den eindrucksvollsten Beispielen der Kunst der Aborigines in der Region Kimberley. Sie wurden vom Volk der Worrora in den Höhlen von Raft Point geschaffen. Diese Felsmalereien stellen eine Szene aus einem großen Fischzug dar und gehen auf das Jahr 6000 v. Chr. zurück.

180 unten und 180–181 Der Kakadu-Nationalpark in Australien ist eines der Ziele, die man besuchen muss, wenn man die Kultur der Aborigines kennenlernen möchte. Das Areal, auf dem er sich erstreckt, war bereits vor 40 000 Jahren von den Aboriginestämmen besiedelt. Eines der eindrucksvollsten Zeugnisse der Zeichenkunst dieser uralten Völker findet sich am Nourlangie Rock. Die berühmteste Wand ist jene, auf der Namondjok, der Stammvater der Menschheit, der nach einer Legende seine Schwester verspeiste, neben einer geheimnisvollen Skelettfigur dargestellt ist, die als Namarrgon, der »Blitzmann«, bekannt ist.

Area 51

(*37°14'6"N* — *115°48'40"O*)

IN DER AMERIKANISCHEN MILITÄRBASIS SCHEINEN GEHEIME TESTS STATTZUFINDEN,
DIE ANLASS ZU DEN SELTSAMSTEN SCIENCEFICTIONTHEORIEN GEBEN

Jeden Tag heben vom Flughafen Las Vegas Flugzeuge einer Fluggesellschaft namens Janet ab. Die Gesellschaft existiert eigentlich nicht, sondern ist Eigentum der amerikanischen Luftwaffe. Jedes Flugzeug bringt mehr als 100 Personen an einen streng geheimen Ort in der Wüste Nevadas. Es handelt sich um eine Militärbasis, in der Tausende Militärangehörige unter dem Siegel der Verschwiegenheit an unvorstellbaren Projekten arbeiten. Sie trägt den Namen »Area 51« und stellt seit mehr als 60 Jahren ein Rätsel dar, das Journalisten, Historiker, Ufologen und Verschwörungstheoretiker zu lösen versuchen.

Das 26 000 Quadratkilometer große Gelände ist rundum militärisch befestigt und steht unter strenger Bewachung. Um an die Grenzen des Areals heranzukommen, muss man die entsprechende Ausfahrt der State Route 375 nehmen, die der Bundesstaat Nevada offiziell in »Extraterrestrial Highway« umbenannt hat. Dieser Name ist inspiriert von den Gerüchten, die sich um die Militärbasis ranken, und teilweise auch von den zahlreichen, nicht identifizierten Flugobjekten, die vorbeifahrende Autofahrern gesichtet haben wollen.

Das gesamte Areal liegt zwischen der Wüste, der Bergkette, die es vor neugierigen Blicken schützt, und dem Groom Lake, einem ausgetrockneten Salzsee und wird Dreamland, Land der Träume, genannt. Auf dem Gelände sind Dutzende Hangars erkennbar. Der berühmteste ist Hangar 18, ein rund 100 Meter breiter, ebenso langer und mehr als 30 Meter hoher Bau. Für welche Art von Fluggerät dient ein Bau mit solchen Dimensionen? Auf Satellitenbildern – der Luftraum ist selbst für Piloten des in unmittelbarer Nähe befindlichen Luftwaffenstützpunkts Nellis gesperrt – kann man lange Landebahnen erkennen, riesige Asphaltstreifen mitten in der Wüste. Einige sind über drei Kilometer lang, aber die längste misst sogar 7093 Meter. Was kann dort landen?

Das, was man von oben sehen kann, soll jedoch nur ein kleiner Teil dessen sein, was neugierigen Blicken verborgen bleibt. Zeugen sprechen von einer Anlage mit angeblich mehr als 50 unterirdischen Stockwerken mit immer eingeschränkteren Zugangsstufen und kilometerlangen Tunneln, die sich im Untergrund verzweigen. Was geschieht nun im Inneren der Anlage? Die für die Area 51 geltende sehr hohe Geheimhaltungsstufe – man bedenke, dass die amerikanische Regierung die bloße Existenz der Basis jahrzehntelang geleugnet hat – ließ Theorien aller Art entstehen, die von streng geheimen Technologieprojekten, militärischen Tests bis hin zu Außerirdischen ausgehen.

Alles dreht sich um Aussagen von Personen, die – jedoch ohne hieb- und stichfeste Beweise – behaupten, in der Basis gewesen zu sein. Am bekanntesten ist sicher der angebliche Physiker Bob Lazar, der beteuert, in der Nähe des Stützpunkts gearbeitet und Tests mit Raumschiffen aus nicht irdischen Materialien beobachtet zu haben.

Die unglaublichste Geschichte ist jedoch unter dem Namen »Roswell-Zwischenfall« bekannt geworden. Am 2. Juli 1947 stürzte bei Roswell in New Mexico ein Flugobjekt ab, das von Militärangehörigen rasch geborgen und an einen geheimen Ort gebracht wurde. Viele glauben, dass die mechanischen und biologischen Überreste in die Area 51 gebracht wurden. Worum handelte es sich? Obwohl dies durch die Untersuchungen der Regierung widerlegt wird, glauben Ufologen, dass in Roswell ein Raumschiff mit Außerirdischen abgestürzt sei. Es soll angeblich in die Area 51 gebracht und vollständig rekonstruiert worden sein. An den Außerirdischen sei angeblich eine Autopsie durchgeführt worden, ähnlich wie jene, die im berühmten Santilli-Film gezeigt wird. Der englische Filmproduzent Santilli gestand zwar, die Handlung frei erfunden zu haben, schwor aber, dass er sich von einem Originalfilm habe inspirieren lassen, den er mit eigenen Augen gesehen habe.

Abseits der Sciencefictiontheorien besagt eine andere Hypothese, dass die amerikanische Regierung im Lauf der Jahre einige der unkonventionellsten Flugzeugprototypen in der Area 51 getestet haben soll. Bewegungsmelder im Boden, bewaffnete Mannschaftswagen, Radargeräte der

182–183 Die Zufahrt zur geheimnisumwitterten Area 51 durch die Wüste Nevadas ist für die Öffentlichkeit verboten. Sonst würden wohl Scharen von Neugierigen herbeiströmen, die etwas über die streng geheimen Aktivitäten in Erfahrung bringen wollen. Das riesige Areal ist von Bewegungsmeldern durchsetzt und wird von schwer bewaffneten Mannschaften mit Radargeräten und Hubschraubern überwacht. Was immer sich innerhalb der Militärbasis befindet, ist nicht für die Öffentlichkeit bestimmt.

Yungay, Peru, March 1967

Yungay, Peru, March 1967

Ilne 1978. Sra.Montserrat Batllori-Housewife.

Portland, Oregon, Spring 1992. Photografer Unknown.

i-Unterbacthel, Switzerland.
976. By Edward Meier.

Ochre Point, Maslin beach, south Australia
March 10th 1993 by Eric Thomason

Hasseldo
Germany.

184–185 Die Geschichte der Sichtungen von nicht identifizierten Flugobjekten ist reich an Bildern und Videos, die Sciencefictionfantasien anheizen. Das Project *Blue Book* ist die einzige offizielle Studie, die dazu von der Luftwaffe der Vereinigten Staaten durchgeführt wurde. Von 12 618 Fällen, die zwischen 1947 und 1969 verzeichnet wurden, konnten 95 Prozent geklärt werden. 701 Fälle wurden jedoch offiziell als nicht geklärt katalogisiert.

185 Nach Ansicht vieler Ufologen sollen in der Area 51 Beweise für die Existenz von außerirdischen Fluggeräten eingelagert sein. Ein Indiz, das diese Sciencefictiontheorie stützt, sind die riesigen Landebahnen und Dutzende Hangars von denen der berühmteste – und über lange Zeit auch der größte – der Hangar 18 mit 100 Metern Seitenlänge ist. Welches gigantische Flugobjekt wohl darin untergebracht sein mag?

Yungay, Peru, March 1967

Summer 1976 Fyffe, Alabama. Photographer unknown

rsh, SW of Brokedorf,near Hamburg
7th 1977. By Herr Walter Schilling.

letzten Generation und Militärhubschrauber sorgen dafür, dass die Vertrau-
lichkeit strikt gewahrt bleibt.

1955 wählte die Lockheed Corporation im Einvernehmen mit der CIA das
Areal für Testflüge des legendären Spionageflugzeugs U2 und legte damit den
Grundstein für die geheimnisumwitterte Area 51. Darauf folgte das Projekt
OXCART der CIA. Es umfasste den Bau ultraschneller Aufklärungsflugzeuge
für große Höhen, von den ersten Blackbirds in den 60er-Jahren über die
F-117 in den 80er-Jahren bis hin zu streng geheimen Prototypen von Drohnen
und Flugzeugen aus jüngster Zeit, die angeblich in der Lage sind, enorme
Geschwindigkeiten wie Mach 6 zu erreichen und die Erde in weniger als fünf
Stunden zu umrunden. Die Wahrheit liegt unter der Sonne in der Wüste Neva-
das, ist für das Auge jedoch nicht zu sehen.

Die wandernden Felsen

(36°40'53"N  - 117°33'43"W)

IN KALIFORNIEN BEWEGEN SICH IM TAL DES TODES SCHWERE FELSBLÖCKE OHNE ERSICHTLICHEN GRUND UND LASSEN GEHEIMNISVOLLE SPUREN IM BODEN ZURÜCK

Death Valley, das Tal des Todes, eine höllische Wüste, in deren Zentrum der tiefste Punkt Amerikas liegt. Im Sommer werden hier mit bis zu 56,7 °C die höchsten Temperaturen gemessen. Der Name passt! Aber im Tal des Todes sind auch unerklärliche Vorkommnisse zu beobachten, die Besucher in Aufregung versetzen und Wissenschaftler vor eine Herausforderung stellen. In einem Racetrack Playa genannten Gebiet bewegen sich Felsblöcke selbstständig durch die Wüste und lassen geheimnisvolle Furchen zurück – das Phänomen der *sailing stones,* der »wandernden Felsen«.

Die Felsen, die zum überwiegenden Teil von einem nahen Dolomithügel stammen, wandern alle zwei oder drei Jahre mehrere Meter weit und hinterlassen unterschiedliche Spuren: Manche sind schnurgerade, wenn der Felsblock unregelmäßig geformt ist, manche haben einen eher unvorhersehbaren Verlauf, wenn die Felsflächen glatt sind. Manchmal weist ein und dieselbe Furche beide Merkmale auf, ein Zeichen, dass der Felsblock sich während seiner Wanderung plötzlich gedreht hat. Andere Bahnen lassen wiederum abrupte Wenden erkennen. Die Tiefe der Furchen beträgt höchstens drei Zentimeter.

Wie ist es möglich, dass Gesteinsbrocken mit mehreren hundert Kilogramm Gewicht sich mitten in der Wüste augenscheinlich ohne Krafteinwirkung bewegen? Handelt es sich um ein natürliches Phänomen, oder wirkt im Tal des Todes eine noch unbekannte Kraft? Die möglichen Erklärungen setzen alle beim Eis an, das sich im Winter in einem Teil des Death Valley bildet. In den Laboratorien einiger Universitäten wurden verschiedene Experimente durchgeführt, die aber alle nicht voll überzeugten. Das jüngste Experiment erfolgte 2011 und wurde im angesehe-nen *American Journal of Physics* veröffentlicht: Nach Ansicht der Wissenschaftler lässt sich das Phänomen angeblich durch eine Kombination leichter Winde und kleiner Eisbildungen, »Flöße« genannt, erklären. Aber selbst die schlüssigste wissenschaftliche Erklärung vermag nicht das bewegende Gefühl zu mindern, auf einen Felsen zu treffen, der sich nachts im unwirtlichen Tal des Todes auf eine Reise ohne Ziel gemacht und eine sichtbare Spur zurückgelassen hat. Für manche stellt dies eine seltsame Metapher unserer Existenz dar.

Es scheint, als würden die wandernden Felsen durch starke, mit einer Geschwindigkeit bis zu 90 Meilen pro Stunde wehende Winterwinde bewegt werden, sobald so viel Regen in der Playa gefallen ist, dass der lehmige Boden rutschig wird. Die vorwiegend aus Südwest wehenden Winde blasen in Richtung Nordosten über die Racetrack Playa. Die meisten Felsspuren unterstützen diese Theorie.

Eine andere Hypothese geht davon aus, dass sich bei Regen durch die starken Winde und die relativ flache Oberfläche der Playa rasch eine dünne Wasserschicht aufbaut. Auf diese Weise bildet sich bei den unter den Gefrierpunkt sinkenden Nachttemperaturen eine Eisschicht. Der Wind treibt dann diese »Eisschollen« vor sich her, wobei durch deren große Oberfläche Kräfte wirken, die auch größere Felsen bewegen können. Die Felsspuren bleiben dabei angeblich parallel zur Richtung der Südwestwinde.

Eine neuere Theorie besagt, dass sich Eis um die Felsen bildet und diese bei Ansteigen des Wasserspiegels vom weichen Untergrund aufschwimmen. Durch die geringe Reibung können die Felsen auch durch leichte Winde bewegt werden.

187 Keiner der wandernden Felsen hat sich je im Sommer bewegt. Die eigenartigen »Felswanderungen« im Death Valley finden nur im Winter statt. Die Felsblöcke bewegen sich alle zwei bis drei Jahre. Mindestens vier Jahre sind nötig, um eine gut erkennbare Spur feststellen zu können. Felsblöcke mit rauer Oberfläche hinterlassen gerade Furchen, glatte Felsblöcke gewundene Linien.

188–189 Im Rahmen eines wissenschaftlichen Experiments wurden 30 wandernde Felsen über sieben Jahre überwacht. Die längste Spur hinterließ ein Felsblock namens Nancy, nämlich eine beeindruckende Furche mit mehr als 200 Metern Länge, während der schwere Felsblock Karen sich knapp einen Meter weit bewegte.

Das Verschwinden der Anasazi

(*36°3'30"N* — *107°57'32"W*)

WELCHES SCHICKSAL EREILTE DAS ALTE INDIANISCHE VOLK, DAS DEN
EINDRUCKSVOLLEN CHACO CANYON IN NEW MEXICO BEWOHNTE?

Pueblo Bonito gilt als das größte archäologische Mysterium der Vereinigten Staaten. Vor rund 800 Jahren verschwand in der Wüste von New Mexico mit einem Schlag ein aus mehr als 8000 Menschen bestehender Stamm und ließ eine Reihe von Spuren zurück, die es noch zu entschlüsseln gilt. Der Stamm hieß Anasazi, was in der Sprache der Navajo-Indianer »die alten Feinde« bedeutet. Im Chaco Canyon, ein Stück westlich von Arizona, nördlich von Colorado, östlich von Texas und südlich von Mexiko gelegen, sah man das Volk der Anasazi zum letzten Mal in friedlicher Eintracht leben.

Alles beginnt 1849, als ein paar US-Soldaten fast zufällig in den 19 Kilometer langen und 1500 Meter breiten Chaco Canyon reiten. Am Fuß des Canyons steht ein imposantes Bauwerk mit 800 Räumen: Pueblo Bonito, die Siedlung der Anasazi. Manche halten die Anlage für die Hauptstadt, manche behaupten, sie sei ein spirituelles Zentrum. Sicher ist, dass zum Zeitpunkt ihrer Errichtung um das Jahr 1000 in diesem ausgedörrten Landstrich Amerikas nichts Vergleichbares existierte. Für jene Zeit handelte es sich um einen Komplex von pharaonischen Dimensionen.

Die bekanntesten architektonischen Elemente sind die Kiva, kreisförmige unterirdische Räume. Die größte der Anlage, die Casa Rinconada, befindet sich ein kleines Stück außerhalb von Pueblo Bonito und weist eine Länge von 20 Metern und eine Höhe von 5 Metern auf. Die Kiva dienten vermutlich für religiöse Zeremonien: Ihre Dächer waren mit einer Öffnung versehen, die es gemäß den Riten des alten, verschwundenen Stammes den Geistern ermögli-

chen sollte, in den Raum zu gelangen und ihn wieder zu verlassen.

Die Anasazi waren eng mit der Natur verbunden, vor allem mit der Erde und der Sonne. In vielen Kiva trifft zur Sommersonnenwende bei Tagesanbruch das Sonnenlicht, das durch die Dachöffnung dringt, auf eine spezielle Nische im Inneren des Raumes. Dieses Phänomen, das noch interpretiert werden muss, wird am über 2000 Meter hohen Fajada Butte am deutlichsten. Die an diesem Berg in den Felsen geritzte Zeichnung »Sun Dagger« (Sonnendolch) stellt zwei Spiralen dar; das durch die Felsspalte beim Eingang der Höhle einfallende Sonnenlicht durchschneidet die größere Spirale zur Sommersonnenwende wie eine Lichtklinge. Zur Wintersonnenwende dringt es dagegen durch zwei Spalten und streift die Außenränder der Spirale – eine Art uralter, in Stein geritzter Kalender.

Die Kiva waren nicht nur entsprechend der erstaunlichen astronomischen Kenntnisse der Anasazi, sondern auch an ganz bestimmten Orten angelegt. Sie wurden von den Schamanen ausgewählt, die dort eine starke Erdenergie feststellten, die durch eine Spirale dargestellt wurde.

Eine weitere Leidenschaft der Anasazi galt wohl den Verkehrswegen, legten sie doch mehr als 300 Kilometer Straßen an. Ein Beispiel dafür ist die über 33 Kilometer lange, überraschend geradlinig verlaufende große Nordstraße oberhalb von Pueblo Bonito. Eine derart schnurgerade Ausrichtung wäre heute selbst mittels eines Kompasses schwierig zu erzielen. Derartige Hilfsmittel aber hatten die Anasazi nicht – ein Beweis dafür, dass ihre Kenntnisse

191 Das kennzeichnende Element von Pueblo Bonito sind sicher die Kivas, runde, unterirdisch angelegte Räume. Ihre Funktion ist nicht vollständig geklärt. Die größte Kiva hat einen Durchmesser von 20 Metern. Es wird vermutet, dass sie den Anasazi für religiöse Zeremonien dienten.

192 Das Alltagsleben der Anasazi geben Ritzungen in den Felswänden des Canyonlands National Park in Utah wieder. Auf einem besonderen Felsen, dem Newspaper Rock (»Zeitungsfelsen«), sind beeindruckende Darstellungen von Menschen, Tieren und traditionellen Jagdszenen zu sehen.

weit größer waren, als die traditionelle Archäologie sich vorzustellen vermochte. Wissenschaftliche Studien zu den Überresten im Chaco Canyon scheinen zu beweisen, dass die Anasazi ein Volk von Kannibalen waren. Zahlreiche Indizien sprechen dafür: zertrümmerte Schädel, vom Mark befreite Knochen, organische Rückstände in fossilen Exkrementen und sogar Spuren von Myoglobin (einem in den Muskeln vorhandenen Protein) in den angetrockneten Rückständen in einem Topf. In der umgebenden Wüste befindet sich auch das Grab von Richard Wetherill. Er war einer der ersten Forscher, der in den Chaco Canyon gelangte, und wurde dort ermordet. Doch sein Bericht ist interessant: »Als wir den Navajo Canyon betraten und die Ruinen entdeckten, fühlten wir uns um eine unbestimm-

te Anzahl von Jahrhunderten zurückversetzt. Alles war intakt, so wie es von den ursprünglichen Einwohnern zurückgelassen worden war; die Gegenstände waren in den Räumen verteilt, als wären die Menschen nur kuzr weggegangen: Das Geschirr stand zur Nutzung bereit auf dem Boden, Eisenwerkzeuge und anderer Hausrat lagen noch dort, wo die Frauen sie gerade noch verwendet hatten.« Wetherhill beschreibt den Schauplatz einer hoch entwickelten Zivilisation, die ihren Lebensmittelpunkt schlagartig verlassen muss – es gibt keine Anzeichen für einen Kampf oder eine Epidemie. Welches Schicksal die Anasazi ereilte, ist bis heute ein Rätsel. Die Wissenschaft nimmt derzeit an, dass eine mehrjährige Dürreperiode der Grund für ihr Verschwinden war.

192–193 und 193 Pueblo Bonito gilt als rätselhafte archäologische Perle im Chaco Canyon. Eine in Nord-Süd-Richtung angelegte gerade Mauer teilt die Stadt in zwei Viertel, von denen jedes eine große Kiva (Zeremonien- oder Versammlungsraum) gleich bei der Trennmauer aufweist. Dutzende weitere Kiva sind neben anderen Räumen, die möglicherweise für religiöse Zeremonien genutzt wurden, über die Stadt verteilt. Die mehreren hundert Wohnungen unterscheiden sich von den Behausungen anderer amerikanischer Kulturen aus derselben Zeit: Sie weisen deutlich größere Innenräume und bis zu einem Meter dicke Mauern auf.

194 und 194–195 Die exakte Definition der Grenzen des Bermudadreiecks ist nicht einfach. Wenn man die Daten der letzten Positionen aller verschollenen Schiffe und Flugzeuge vor ihrem Verschwinden aus-wertet, kann man ein dreieckiges Gebiet im Atlantischen Ozean ausmachen, dessen Scheitelpunkte Miami in Florida, die Bermuda-Insel im gleichnamigen Archipel und San Juan in Puerto Rico bilden.

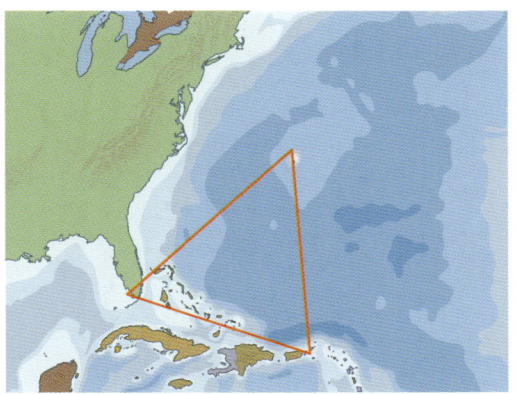

Das Bermudadreieck

(26°37'N  70°53'1"O)

DIESES SEEGEBIET IST SCHAUPLATZ EINER UNGLAUBLICHEN SERIE
VON RÄTSELHAFTEN SCHIFFS- UND FLUGZEUGUNGLÜCKEN

Im Atlantik gibt es ein Gebiet, das als Schauplatz der berühmtesten Sagen der Welt bekannt geworden ist. Die Rede ist vom Fluch des ominösen Bermudadreiecks, das im Süden von Puerto Rico und im Westen von Florida und den Bermuda-Inseln begrenzt wird. In seinen Gewässern sind ohne ersichtlichen Grund riesige Schiffe, ganze Flugzeugstaffeln und vor allem Hunderte Menschen spurlos verschwunden. Die unerklärlichen Ereignisse, die in diesem Teil des Ozeans periodisch aufzutreten scheinen, reichen weit in die Vergangenheit zurück. Bereits zu Segelschiffzeiten verwünschten die Matrosen die Sargassosee, die schwierig zu befahren war und von unheimlichen Geisterschiffen durchkreuzt wurde. Wenn es einen Tag gibt, an dem die düstere Legende über das Bermudadreieck tatsächlich entstanden ist, dann ist es der 5. Dezember 1945. An diesem sonnigen Tag verschwand nämlich das »Geschwader 19« der amerikanischen Luftwaffe für immer. Fünf Grumman-Avenger-Torpedobomber mit fünf Offizieren und neun Soldaten an Bord befanden sich auf einem einfachen Übungsflug nicht weit von der Küste. Plötzlich begannen die Piloten wirre Nachrichten an den Kontrollturm abzusetzen. Es schien, als hätten sie sich verflogen, ihre Meldungen waren konfus, alle Instrumente an Bord ausgefallen – und danach herrschte nur noch Schweigen.

Das ist aber noch nicht alles. Um sie zu bergen, stieg von der Küste eine Martin Mariner auf, ein Flugboot mit 13 Mann Besatzung. Es verschwand ebenfalls im Nichts. In den folgenden Tagen gelang es in mehr als 4000 Flugstunden nicht, auch nur ein einziges Wrackteil der verschollenen sechs Flugzeuge aufzuspüren – umso bestürzender, wenn man bedenkt, dass die Torpedobomber in der Lage gewesen wären, sanft zu wassern und 90 Sekunden lang an der Wasseroberfläche zu schwimmen. Ihre Besatzungen waren darauf trainiert, die Flugzeuge in 60 Sekunden zu verlassen, und hatten sogar Rettungsflöße an Bord.

Die traurige Liste der im Nichts verschwundenen Flugzeuge ist damit jedoch noch nicht zu Ende. Auch wenn man nur die tragischsten Ereignisse berücksichtigt, ist eine solche Aufzählung erschreckend:

- 1947: C-54 Skymaster der amerikanischen Armee, 6 Passagiere
- 1948: viermotorige Avro Tudor IV, 31 Passagiere
- 1948: Douglas DC-3, 32 Passagiere
- 1952: Avro York Flugboot aus Großbritannien, 33 Passagiere
- 1954: Super Constellation der amerikanischen Marine, 42 Passagiere
- 1963: zwei Boeing KC-135 (die ersten Jets, die im Bermudadreieck verschollen sind)
- 1965: Fairchild C-119 Transporter, 10 Passagiere

Auch ganze Schiffe verschwanden spurlos im Bermudadreieck, deren Liste ebenfalls nicht vollständig ist:

- 1800: USS *Insurgent*, 340 Mann an Bord
- 1814: USS *Wasp*, 140 Mann
- 1880: Die englische Fregatte HMS *Atalanta*, 290 Mann
- 1931: *Stavanger*, 43 Mann
- 1938: *Anglo-Australian*, 39 Mann
- 1951: *Sao Paulo*, 8 Mann
- 1963: *Marine Sulphur Queen*, 39 Mann
- 1973: *Anita*, 32 Mann

Frachter und Marineschiffe, wahrhaftige Ozeanriesen, warden mitsamt ihren Besatzungen nie mehr gesehen.

Übrigens hat auch Christoph Kolumbus in seinem Tagebuch während seiner historischen Überfahrt im Jahr 1492 von seltsamen Phänomenen in diesem Gebiet berichtet.

Donnerstag, 13. September 1492: »An diesem Tag drehten sich die Kompassnadeln bei Anbruch der Nacht nach Nordwesten und schlugen am Morgen ziemlich stark nach Nordosten aus. […]«

Samstag, 15. September 1492: »Bei Anbruch der Nacht sahen sie einen herrlichen Feuerstreifen vier oder fünf Seemeilen von den Schiffen entfernt vom Himmel fallen.«

Erklärungsversuche zu diesem Geheimnis gibt es viele, von Tornados, stehenden Wellen und Entführungen durch Außerirdische bis hin zu Klarsichtturbulenzen. Die jüngste Theorie geht von Methanhydraten aus, riesigen Gasblasen, die sich vom Meeresgrund lösen und ganze Schiffe oder niedrig fliegende Flugzeuge verschlucken können.

Chichén Itzá

(20°40'00"N ✦ 88°36'00"W)

ZWISCHEN APOKALYPTISCHEN PROPHEZEIUNGEN UND HERRLICHER ARCHITEKTUR:
DAS ZENTRUM DES MAYA-REICHS MUSS SEINE GEHEIMNISSE NOCH PREISGEBEN

Die Halbinsel Yucatán in Mexiko war einst das Herz des Maya-Reichs. Während Europa ins finstere Mittelalter abglitt, erlebte die Maya-Kultur hier ihre Blütezeit. Inmitten von Tropenwäldern entstanden Städte mit herrlichen Pyramiden und prunkvollen Tempeln – acht Jahrhunderte Glanz. Ein Ort zeichnet sich überdies durch eine besondere Beziehung zwischen Religion und Astronomie aus. Es handelt sich um das legendäre Chichén Itzá, eine der wichtigsten Maya-Städte, die sich über mehr als drei Quadratkilometer ausdehnte. Hier finden sich zahlreiche sehr unterschiedliche, unglaublich faszinierende Bauten. Die geheimnisvollsten unter ihnen sind die berühmte Pyramide des Kukulkán, das Observatorium *El Caracol* und der berühmte *Juego de pelota*, der Ballspielplatz. Und daneben gibt es noch den *Cenote de los sacrificios*, von dem noch die Rede sein wird.

Caracol bedeutet Schnecke und bezieht sich auf die Form der Innentreppe der alten Sternwarte. Ihre Eingänge orientieren sich an der Frühlingstagundnachtgleiche, während andere Elemente auf astronomische Ereignisse verweisen, bei denen es um den Mond und die Legende vom Schlangengott geht, dem Träger der Weisheit. Tagsüber studierten die Maya die Sonne und analysierten die Schatten, die in das Innere eines Gebäudes geworfen wurden; nachts beobachteten sie den Widerschein der Sterne in großen, mit Wasser gefüllten Steintrögen. Sie waren geübte Beobachter des Nachthimmels und kannten die Bewegungen des Universums, der Sterne und Planeten. Aus dieser Gesamtheit profunden Wissens entstand ihr so präziser, sagenumwobener Kalender. Ihre Welt bestand aus wissenschaftlichen Kenntnissen, die mit religiösem Glauben verschmolzen. Ein eindrucksvolles Beispiel dafür dreht sich um unsere Galaxie: Die Milchstraße hat die Form einer Spirale, in deren Zentrum sich ein schwarzes Loch befindet. Die Maya schienen dies zu wissen. Der Gott der Schöpfung ist für sie nämlich Hunab Ku, der die Form einer Spirale hat und durch gewaltige Explosionen aus seiner Mitte heraus Leben erzeugt – eine Metapher, die die Milchstraße beschreibt. Das Hauptbauwerk von Chichén Itzá, die prächtige Pyramide des Kukulkán, lässt ebenfalls eine enge Verbindung mit der Astronomie erkennen. Kukulkán ist der Schlangengott, von dem die Maya nach ihrer Mythologie das Wissen erhielten und dessen Rückkehr sie erwarteten. Die Pyramide ist so gebaut, dass die Sonne zu den Tagundnachtgleichen die nordwestliche Treppe bestrahlt und einen Schatten erzeugt, der wie eine riesige Schlange aussieht. Aber das ist noch nicht alles. Die Pyramide ist gleichzeitig auch so konstruiert, dass am 21. Dezember 2012 – dem berühmten Tag, an dem der Zyklus des dreifachen Maya-Kalenders endet – die Sonne an der nordwestlichen Ecke ihre Strahlen auf die Stufen werfen wird. Diese werden auf den Schlangenkopf, der unten an der Treppe eingemeißelt ist, fallen und ihn beleuchten. Für manche bedeutet dies die Rückkehr des sagenumwobenen Schlangengotts.

196 Eines der zahlreichen Rätsel von Chichén Itzá stellen die so genannten Chak Mo'ol dar. Die an verschiedenen Orten aufgefundenen Statuen stellen liegende anthropomorphe Figuren mit stark nach rechts gedrehten Köpfen dar, die jeweils einen horizontal ausgerichteten Gegenstand auf dem Bauch tragen. Was bedeutet diese unnatürliche Haltung?

196–197 Der Name für Quetzalcoatl lautet in der Sprache der Maya Kukulkán. Diesem Gott ist die imposante Stufenpyramide geweiht, die die Anlage von Chichén Itzá beherrscht. Wie fast alle hiesigen Bauwerke steht sie mit den Sternen in Verbindung. Ihre Ecken projizieren bei jeder Tagundnachtgleiche den Schatten von Kukulkán auf die nordwestliche Treppe.

198 und 198–199 El Caracol (die Schnecke) ist das vielleicht faszinierendste Bauwerk von Chichén Itzá: Es handelt sich um eine runde Konstruktion mit einer Wendeltreppe, die zu einem Beobachtungspunkt führt. Der gesamte Bau ist ein ausgeklügeltes Observatorium. Durch die Öffnungen nach außen kann man die Schatten studieren, welche die Sonne während ihrer scheinbaren Bewegung im Himmel in das Innere des Gebäudes wirft, während die Bahnen der Sterne und Planeten mithilfe von mit Wasser gefüllten Steinbecken beobachtet wurden, in denen sich ihr Licht spiegelte. Hier entstanden die Berechnungen für den legendären Kalender der Maya.

199 oben und unten Der am besten erhaltene Ballspielplatz der Welt ist zweifelsohne jener von Chichén Itzá. Dort befinden sich noch weitere sechs Plätze. Das 166 Meter mal 68 Meter große Spielfeld und die Ränge sind in beinahe perfektem Zustand. Auch die Ringe, durch die der Ball geworfen werden musste, sind intakt. Es ist jedoch noch nicht klar, ob am Ende des Spiels der Kapitän der Verlierermannschaft enthauptet wurde oder ob diese Ehre dem Kapitän der Siegermannschaft gebührte.

In Chichén Itzá gibt es auch einen riesigen Ballspielplatz, der 170 Meter lang, 50 Meter breit und von beinahe acht Meter hohen Mauern umgeben ist. Das Ballspiel war ein sehr wildes, aber bei den Maya äußerst beliebtes, ja sogar heiliges Spiel. Das Ziel bestand darin, den Ball durch steinerne Ringe zu werfen, die in einer Höhe von rund sieben Metern vom Boden angebracht waren. Die Mannschaft, die zuerst traf, gewann. Eine makabre Tafel im zentralen Hof von Chichén Itzá zeigt die Enthauptung eines Ballspielers. Es wird vermutet, dass dies das Los der Verlierer war. Laut einer neueren Interpretation war es angeblich jedoch das Schicksal des Kapitäns der siegreichen Mannschaft, enthauptet zu werden: Sein Ruhm bestand in der Ehre, den Göttern geopfert zu werden. Durch den Tod im Sieg wurde er quasi selbst zum Gott. Aller-

dings könnte das Ballspiel auf eine metaphorische Art auch eine Darstellung des astronomischen Phänomens der Präzesion der Tagundnachtgleichen gewesen sein, einer extrem wichtigen Gegebenheit für alle, die sich mit der Bewegung der Sterne und mit Kalendern beschäftigen.

Wie war es möglich, dass die Maya so hoch entwickelte astronomische und architektonische Kenntnisse hatten? Wo hatten sie sich ihr Wissen angeeignet? John Lloyd Stephens, der Chichén Itzá 1841 entdeckte, schreibt: »Wir saßen am Rand der Mauer und bemühten uns vergeblich, das Geheimnis um uns zu ergründen. Wer waren die Menschen, die diese Städte errichtet hatten? Aber als wir die Indios danach fragten, lautete ihre monotone Antwort lediglich: ›Wer weiß?‹«

200 und 200–201 Der Kalender demonstriert die große Aufmerksamkeit, die die Maya den Beziehungen zwischen den astronomischen und irdischen Ereignissen zuteil werden ließen. Ein ritueller Kalender mit 260 Tagen, der sich aus 20-tägigen Zyklen und 13 Zahlen zusammensetzte, wurde von einem Sonnenkalender mit 365 Tagen ergänzt. Die Kombination der beiden Kalender wurde in ein Rad mit Glyphen und Zahlenzeichen eingraviert. Das Rad legte eine ganze Umdrehung in 52 Kalenderjahren zurück und musste mit der Langen Zählung verglichen werden, einem Tageszyklus, der am 13. August 3114 v. Chr. begann. Alle drei Kalender werden die nächste Runde am 21. Dezember 2012 vollenden.

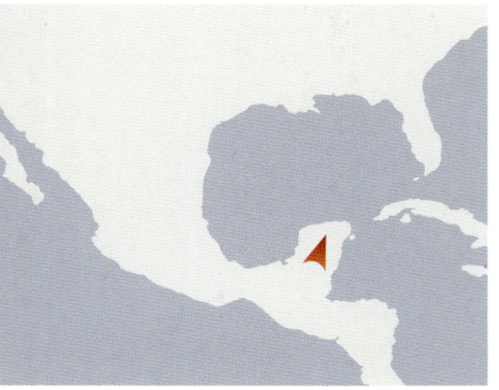

Die Magie der Cenotes

(20,687708°N - 88,567694°W)

DER UNERREICHBARE SCHATZ DER MAYA IST IN EINEM FASZINIERENDEN NETZ
UNTERIRDISCHER GÄNGE UNTER WASSER VERBORGEN.

Alle Hochkulturen der Antike entwickelten sich in der Nähe großer Flüsse: die der Ägypter am Nil, die der Babylonier am Euphrat und die Harappa-Kultur am Indus. Die Maya-Kultur bildet hier eine große Ausnahme, denn Yucatán ist eine Region ohne oberirdische Wasserläufe und auch ohne Berge. Der Kalksteinboden ist durchlässig, wodurch Niederschläge rasch im Untergrund versickern. Dafür gibt es Süßwasserbrunnen und ergiebige unterirdische Quellen, die jedoch niemals zugänglich geworden wären, hätte nicht ein Meteorit vor 65 Millionen Jahren in der Karibik eingeschlagen und einen apokalyptischen Steinregen verursacht, der die Erdoberfläche aufbrach und eine Reihe von Löchern erzeugte. Auf diese Weise entstanden riesige natürliche Brunnen, die so genannten Cenotes. Diese boten den Maya die Möglichkeit, in einem ansonsten unbewohnbaren Gebiet zu überleben, und galten aus diesem Grund als heilig. Sie spendeten Leben, und durch sie konnte man mit den Göttern in Kontakt treten, die nach Ansicht der Maya in den Tiefen von Mutter Erde unter Wasser wohnten.

Heute schätzt man, dass auf der Halbinsel Yucatán rund 30 000 Cenotes existieren, von denen einige öffentlich zugänglich, andere Archäologen vorbehalten und wieder andere noch gänzlich unerforscht sind. Viele sind durch ein Netz von Grotten, Kanälen und unterirdischen Seen miteinander verbunden. Stalaktiten und Stalagmiten bilden hier Felsnadeln oder wachsen zu ganzen Säulen zusammen.

Welche Verbindung bestand nun zwischen den Maya und diesen Höhlen? Welche Zeremonien fanden in ihrem heiligen Wasser statt? Die ersten Berichte stammen aus dem Tagebuch des Bischofs Diego de Landa, der zwar die Verbrennung der Maya-Schriften anordnete und damit einen Großteil deren Geschichte auslöschte, aber auch über die grausamen Rituale der Maya berichtete, deren Zeuge er wurde. Körperlicher Schmerz stellte für sie demnach eines der Mittel dar, um mit dem Göttlichen in Kontakt zu kommen. So fügten sie sich selbst fürchterliche Verletzungen zu und stürzten sich in Trance in die Cenotes, um mit den Göttern in Verbindung zu treten. Aber auch Schätze wurden in die Brunnen geworfen und Jugendliche und Kinder in schrecklichen Opferritualen in ihnen ertränkt.

Aufgrund der Berichte von de Landa machte sich der amerikanische Forscher Edward Herbert Thompson auf die Suche nach den Unterwasserschätzen. Er wollte in den Ruinen von Chichén Itzá forschen, einem der eindrucksvollsten Maya-Zentren, dessen Name »am Rande des Brunnes der Itzá« bedeutet. Im Jahr 1904 stieß Thompson auf die beiden Cenotes von Chichén Itzá und beschloss, ihre Tiefen zu erkunden. Dabei benutzte er eine primitive Taucherausrüstung, die aus einem Atemrohr und Gewichten an den Schuhen bestand. Bei diesem Tauchversuch verlor er beinahe sein Gehör, entdeckte aber in mehr als 40 Metern Tiefe all das, wovon die Legenden berichteten: kostbare Schätze und furchteinflößende Skelette, auch von Kindern.

202 Der Cenote de los sacrificios in Chichén Itzá ist zwar nicht der eindrucksvollste seiner Art, er wurde aber von den Maya als heilig verehrt. Er misst 56 Meter im Durchmesser und ist 50 Meter tief. Am Cenote de los sacrificios fanden die Hauptzeremonien der Maya statt, bei denen dem Brunnen Gold, Edelsteine und sogar Menschen geopfert wurden.

202–203 Der Cenote Ik Kil, auch Cenote Azul Sagrado genannt, besticht mit leuchtend blauem Wasser. Er liegt in der Nähe von Chichén Itzá und ist nicht mit Regenwasser gefüllt, sondern mit Wasser aus unterirdischen Karstquellen. Im Gegensatz zu anderen Cenotes gelangt man hier über eine in den Felsen gehauene Treppe ins Wasser und muss nicht vom Rand hineinspringen.

204 Im Gran Cenote von Tulum, einem üppig bewachsenen, von Grün umgebenen Cenote, der heute bei Familien als Ausflugsziel beliebt ist, fand man 120 menschliche Schädel. Sie zeugen von den Opferritualen der Maya. Der Gran Cenote gehört zum Sac Actun (»weiße Höhle«), einem riesigen unterirdischen Karstsystem in Yucatán.

205 Die mexikanischen Cenotes sind durch ein komplexes Netz von Grotten und Gängen verbunden, die größtenteils noch unerforscht sind. Dorthin vorzudringen, kann tödlich enden, selbst für erfahrene Taucher. Dennoch stellen sich viele der Gefahr, um nach den sagenumwobenen Schätzen des Mayareichs zu suchen.

Thompson entdeckte den heute Cenote Sagrado oder Cenote de los sacrificios genannten Brunnen. Nicht weit davon entfernt befindet sich der Cenote von Xtoloc, der zur Wasserversorgung der Bevölkerung diente. Der Cenote de los sacrificios misst rund 56 Meter im Durchmesser und ist mehr als 50 Meter tief. Um in das Wasser zu gelangen, muss man vom Rand rund 20 Meter in die Tiefe springen. Neben dem Brunnen steht ein altes Gebäude, das möglicherweise für Reinigungszeremonien für die Opfer genutzt wurde. Ein Jahrhundert nach Thompsons mutigem Sprung stellen die Cenotes auch heute noch selbst für erfahrene Taucher eine Herausforderung dar. Das

Grottennetz, das sie verbindet, verzweigt sich über Hunderte von Kilometern und bildet ein unterirdisches Geflecht, das größtenteils nicht erkundet ist. Diese unzugänglichen Höhlen bergen noch viele Schätze. Knochen und Opfergaben blieben hier über viele Jahrhunderte erhalten. Selbst die kühnsten Plünderer wagten sich nicht hinunter. Die Cenotes sind richtiggehende »Zeitmaschinen«, die wir erst mit Techniken, die bislang noch nicht existieren, in naher Zukunft werden aufbrechen können. Sie könnten uns weitere Geheimnisse des mythischen Volkes der Maya enthüllen, die durch die skrupellose Verbrennung ihrer Schriften verloren gegangen sind.

214–215 Die Mondpyramide ist nach der Sonnenpyramide das zweitgrößte Bauwerk der Anlage, sie erreicht etwa die Hälfte des Volumens der Letztgenannten. Ihr Profil scheint dem Berg Cerro Gordo (wörtlich »dicker Hügel«) nachempfunden zu sein. Ihr Kern ist älter als jener der Sonnenpyramide. An ihrer Spitze wurden die Zeremonien zu Ehren der »Großen Göttin« von Teotihuacán abgehalten, die vermutlich eine Fruchtbarkeitsgöttin war.

216–217 und 217 Der Komplex, der den Tempel und die Pyramide der Gefiederten Schlange umfasst, ist der drittgrößte in Teotihuacán. Mehr als 200 Menschen, die zwischen 150 und 200 n. Chr. hier geopfert wurden, sind an seinen Grundmauern begraben. Die sechsstöckige Pyramide zieren zahlreiche reliefartige Darstellungen der Gefiederten Schlange. Unter jeder Schlangenkopfreihe befindet sich ein Flachrelief, welches das sagenumwobene Tier im Ganzen zeigt.

Das Volk der Olmeken

(18°6'12"N — 94°2'25"O)

DIE GIGANTISCHEN STEINKÖPFE SCHEINEN EINE ALTE GESCHICHTE ZU ENTHÜLLEN, ÜBER DIE NOCH NICHT BERICHTET WURDE.

Die Konquistadoren haben in den Jahrhunderten ihrer Besetzung und Herrschaft in Mesoamerika nie von ihnen gehört. Sie kannten die Inka, die Azteken und die Maya, auch wenn sie deren Geheimnisse nicht verstanden, die aber schließlich bis heute manches Rätsel bergen. Und sie konnten sich nicht vorstellen, dass diese Völker alle von einem geheimnisvollen Volk abstammten.

Die Rede ist von den sagenumwobenen Olmeken, einer rätselhaften, überaus mächtigen Kultur, die über Generationen in Vergessenheit geraten war.

Der Begriff Olmeken stammt aus dem von den Azteken gesprochenen Nahuatl und bedeutet »Menschen aus dem Kautschukland«. So nannte man sie wohl wegen der in

ihrem Gebiet weit verbreiteten Kautschukbäume. Ihre Kultur schien sich um 1200 v. Chr. hauptsächlich in drei großen Zentren zu entwickeln: San Lorenzo Tenochtitlán, La Venta und Tres Zapotes. Aber ihr Einfluss reichte weit über diese Grenzen hinaus und erstreckte sich auch auf große Gebiete im heutigen Guatemala, Belize, El Salvador, Honduras, Nicaragua und Costa Rica.

Ein altes Maya-Gedicht erzählt, dass die Olmeken aus einem Land des Regens und des Nebels kamen, »in einer Zeit, die niemand berechnen kann und an die sich niemand erinnern kann«. Warum sie aber um 400 v. Chr. für immer verschwanden, ist noch immer ein Rätsel.

Die Entdeckung der Olmeken ist hauptsächlich dem für die Smithsonian Institution arbeitenden Archäologen Matthew Stirling zu verdanken. Ihm gelang es, die Relikte dieser verschwundenen Kultur ans Licht zu bringen und sie als Vorgängerin aller anderen damals bekannten mittelamerikanischen Zivilisationen zu identifizieren.

Die bekanntesten Funde sind zweifelsohne die riesigen Steingesichter, die seit damals zu Ikonen des olmekischen Volkes wurden: Es handelt sich um 17 Kolossalköpfe, die im ganzen Gebiet der Olmeken verstreut waren. Zehn wurden in San Lorenzo gefunden, vier in La Venta und drei in der Umgebung von Tres Zapotes. Allerdings geben die in diesen imposanten Werken aus Basalt dargestellten Gesichtszüge einigen Raum für Interpretationen. Sie wirken nämlich keineswegs amerikanisch, sondern eher asiatisch (San Lorenzo) oder afrikanisch (La Venta). Einige olmekische Gravuren auf Stelen scheinen auch Europäer darzustellen. Handelt es sich um Fehler, die auf Ungenauigkeiten der alten olmekischen Künstler zurückzuführen sind? Das ist schwer zu glauben, da die Olmeken bei ihren übrigen bildhauerischen Darstellungen die anatomischen Einzelheiten von Mensch und Tier mit geradezu akribischer Detailtreue abzubilden pflegten. Auf der anderen Seite werden sie kaum zufällig die charakteristischen Züge von Menschenrassen zum Vorbild genommen haben, von deren Existenz sie nach geltender Lehrmeinung nichts gewusst haben können.

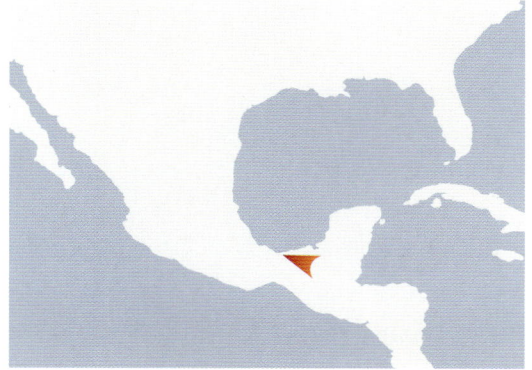

218 und 218–219 Der Museumspark La Venta in Villahermosa birgt die größte Sammlung an Fundstücken aus der Zeit der Olmeken. Sie stammen von der berühmten Ausgrabungsstätte La Venta in der Gemeinde Huimanguillo. Die eindrucksvollsten Stücke sind die mächtigen, 3000 Jahre alten Basaltköpfe, die über Jahrhunderte im mexikanischen Dschungel in Vergessenheit geraten waren. Insgesamt wurden in ganz Mexiko 17 Köpfe entdeckt, darunter vier in La Venta. Sie alle haben eine Höhe von rund drei Metern und wiegen einige Tonnen.

220 Im Museumspark La Venta in Villahermosa wurden bei Ausgrabungen sieben Basaltaltäre gefunden. Sie sind vier Meter breit und zwei Meter hoch und haben eine geheimnisvolle Figur in der Mitte. Auf diesem, dem so genannten Triumphaltar, ist ein im Rachen eines Ungeheuers sitzendes Wesen zu erkennen, das ein um den Altar gewundenes Seil in der Hand hält.

Was geschah also in den acht Jahrhunderten des Olmekenreichs, in den Jahren der Herrschaft einer Zivilisation, die für alle späteren Kulturen Zeichen hinterlassen hat? Ist es möglich, dass ein plötzlich aufgetauchtes Volk über die Kenntnisse verfügte, die den Maya die Geheimnisse des Himmels und des Kalenders enthüllten? Wie kam es, dass die Olmeken im Vergleich zu ihren Zeitgenossen in der Zukunft zu leben schienen?

Die skurrilsten Hypothesen, die auf diesen Indizien aufbauten, fanden ihre Bestätigung im »El Rey« (»Der König«) genannten Flachrelief, das in Chalcatzingo, einer weiteren olmekischen Ausgrabungsstätte, gefunden wurde. Das in die Felswand gemeißelte Relief zeigt eine eigenartige Szene, die verschiedene Interpretationen zulässt. Die abenteuerlichste Auslegung will darin Wolken erkennen, aus denen Regen fällt, und mittendrin ein großes Schiff, das die Luft durchfurcht und eine beeindruckende Spur hinterlässt. Am Ruder steht ein Mann – der König –, der einen glockenähnlichen Gegenstand in Händen hält. Sicher ist nur, dass die Olmeken um 400 v. Chr. mit einem Schlag verschwanden. Ihre Städte wurden zerstört, ihre imposanten Statuen abgerissen, enthauptet und begraben – und mit ihnen alle Rätsel des wohl geheimnisvollsten mittelamerikanischen Volkes.

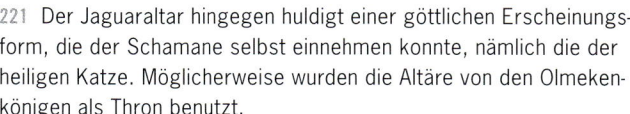

220–221 Gegenüber dem Triumphaltar befindet sich der Altar 5. Hier scheint die mittlere Figur den Kadaver eines jungen Jaguars in den Händen zu halten. Auf ihrer linken Seite sind Jaguarjunge zu erkennen, die noch zu leben scheinen. Damit könnte auf die Opferung von Kindern angespielt worden sein.

221 Der Jaguaraltar hingegen huldigt einer göttlichen Erscheinungsform, die der Schamane selbst einnehmen konnte, nämlich die der heiligen Katze. Möglicherweise wurden die Altäre von den Olmekenkönigen als Thron benutzt.

222 links Diesem Fund an der Ausgrabungsstätte La Venta wurde der Spitzname Abuelita gegeben, der wörtlich »kleine Großmutter« bedeutet. Offiziell ist er als Statue 5 bekannt. Eine der diversen Hypothesen dazu geht davon aus, dass die Skulptur einen Zwerg darstellen soll, da sie nur rund 1,40 Meter hoch ist.

222 rechts Das als Monument 56 klassifizierte Fundstück aus La Venta wurde als »Mono que mira al cielo« (»Affe, der zum Himmel blickt«) benannt und ist 124 Zentimeter hoch. Die Haltung der Figur gibt jedoch Rätsel auf. Es ist möglich, dass sie einst liegend in einem der Bauwerke in der Nähe untergebracht war.

223 Das Monument 77 aus La Venta trägt den Namen »der Gouverneur«. Obwohl es nur etwas mehr als einen Meter misst, wiegt es über zwölf Tonnen. Die noch nicht vollständig entschlüsselte Symbolik der Figur ist außergewöhnlich: Ihre Brust und Taille sind mit kreuzförmigen Zeichen geschmückt.

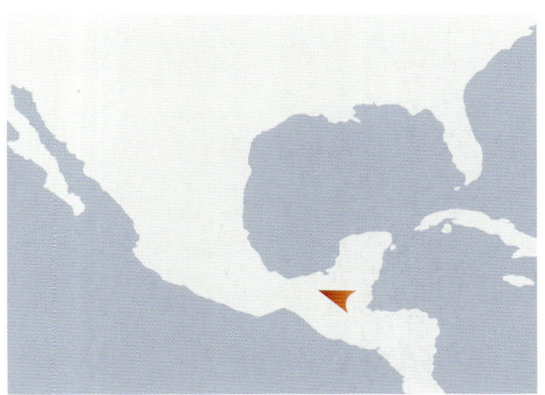

Palenque

(17°29'00''N  92°03'00''W)

EIN GEHEIMES GRAB IM HERZEN DER AUSSERGEWÖHNLICHSTEN MAYASTÄTTE VERBIRGT EINE MYSTERIÖSE INSCHRIFT

Chiapas ist einer der ärmsten mexikanischen Bundesstaaten, aber reich an archäologischen Stätten. Das Aushängeschild ist sicherlich Palenque, eine der bedeutendsten Siedlungen der Maya. Das rund drei Quadratkilometer große Gebiet ist nach Ansicht von Experten nur ein kleiner Teil der Gesamtanlage – der Rest ist noch von Dschungel überwuchert. Die ersten europäischen Aufzeichnungen gehen zurück auf Pater Lorenzo de la Nada, der 1567 auf die Stadt stieß und sie Palenque (die Festung) nannte. Die bedeutendsten Bauwerke sind der Tempel der Inschriften, El Palacio (der Palast) und die Kreuzgruppe.

Der Tempel der Inschriften ist ein großes, düsteres Monument, das dem legendären König Pacal gewidmet ist. Seinen Namen verdankt er der zweitlängsten Hieroglypheninschrift, die je in einer Maya-Stätte entdeckt wurde. Das etwa 20 Meter hohe Bauwerk hat die Form einer Pyramide mit einem kleinen Tempel auf ihrer Dachplattform. Einige der verwendeten Bausteine wiegen bis zu 15 Tonnen. Der wahre Schatz liegt aber in den Fundamenten verborgen. Als der Archäologe Alberto Ruz Lhuillier 1952 den Boden des Tempels untersuchte, entdeckte er einen Geheimgang, der sich hinter einem Stein versteckt lag. Eine lange Treppe tat sich zu seinen Füßen auf, die zum legendären Grab von König Pacal führt. Er fand ein Mausoleum mit einem kostbaren Sarkophag, geschmückt mit Intarsien, Schnitzereien, Ornamenten und Reliefs. Umstanden war er von an den Wänden aufgereihten Statuen. Ruz Lhuillier war somit auf das Grabmal gestoßen, das später als das bedeutendste des gesamten mesoamerikanischen Raumes gelten sollte.

El Palacio, der Palast, setzt sich aus einer Reihe von Gebäuden zusammen, die miteinander durch ein Netz von Höfen verbunden sind. Er befindet sich im Zentrum des Ausgrabungsgeländes. Südöstlich des Palastes befinden sich drei Tempel, die als Kreuzgruppe bezeichnet werden. Ihre Flachreliefs bilden die wichtigsten Ereignissen der lokalen Mythologie ab. Palenque gilt zu Recht als die faszinierendste unter den Maya-Stätten. Der Fund, der die Fantasie der Forscher am meisten angeregt hat, ist der Grabstein, der aus dem Tempel der Inschriften stammt und als »Stein des Raumfahrers« berühmt wurde. Auf der Abdeckung des Grabes von König Pacal ist ein Mann dargestellt, der in der Interpretation von Ufologen am Steuer eines Raumfahrzeugs mit Raketenantrieb sitzt. Die Figur scheint eine Art Glocke zu halten, während am hinteren Ende des Fahrzeugs ein Motor zu sehen ist, aus dem Flammen schlagen. Manche wollen auch einen Pilotensitz, eine Atemmaske und einen aerodynamischen Rumpf erkennen. In seinem ebenso umstrittenen wie berühmten Buch »Erinnerungen an die Zukunft« aus dem Jahr 1968 behauptet Erich von Däniken, dass dies ein definitiver Beweis für die Präsenz Außerirdischer im alten Mexiko sei. Natürlich lief die Wissenschaft dagegen Sturm und bezeichnete diese Thesen als lachhaft. Die Archäologen halten das Relief eher für die Darstellung eines Priesters oder auch des 683 n. Chr. verstorbenen Königs Pacal, der im Moment seines Übergangs vom irdischen Leben ins Jenseits abgebildet wurde. Der Mann soll also nicht dem Weltraum, sondern dem Tod entgegenblicken – auch wenn die beiden Dinge in den Augen der Maya vielleicht gar nicht so unterschiedlich waren.

224–225 Die Kreuzgruppe in Palenque ist eine architektonische Anlage, die sich aus dem Sonnentempel, dem Kreuztempel und dem Tempel des Blätterkreuzes zusammensetzt. Einen besonders gut überblickt man den gesamten Komplex von der Spitze des Kreuztempels aus.

Die Tempel sind auf einer Stufenpyramide errichtet. Ihren Namen verdankt die Gruppe einem Relief im Inneren des Kreuztempels. Das Kreuz hat mit der christlichen Ikonografie nichts zu tun, sondern symbolisiert den legendenumwoben Baum der Schöpfung.

226 links und rechts Den Eingang zur Grab-
kammer im Tempel der Inschriften ist über eine
lange Geheimtreppe erreichbar. Wer sie
beschreitet, kann die Emotionen nachvollziehen,
die 1952 der Archäologe Alberto Ruz Lhuillier
verspürte, als ihn die Treppe zum Sarkophag
führte, der seither als der bedeutendste gilt,
der je in Amerika gefunden wurde. Es handelt
sich um den Sarkophag von König Pacal,
dessen rätselhafte Inschriften bis heute nicht
entschlüsselt sind.

226–227 Der Tempel der Inschriften befindet
sich im östlichsten Bereich der Anlage von
Pa enque. Er weist eine Höhe von elf Metern auf
und ist auf einer rechteckigen Stufenpyramide
mit einer Breite von 60 Metern und einer Höhe
von etwa 20 Metern errichtet. Neben dem
beeindruckenden Sarkophag, der nach Ansicht
der Experten vermutlich auf das Jahr 675 n.
Chr. zurückgeht, birgt er in seinem Inneren auch
die zweitlängste bekannte Hieroglypheninschrift
der gesamten Mayawelt.

228 Die Kultur der Maya erreichte in Palenque möglicherweise ihre künstlerische Hochblüte. Die aus Jade oder Stuck gefertigten und bemalten Statuen können sich mit jenen messen, die zur selben Zeit jenseits des Ozeans zum Beispiel in Rom entstanden. Sie zeichnen sich durch einen ausgeprägten Realismus aus, der den Betrachter auch noch Jahrhunderte später bewegt. Ein besonders beeindruckendes Beispiel dafür ist die Stuckmaske eines geheimnisvollen Mannes, die im Sonnentempel entdeckt wurde.

229 links und rechts Der berühmte »Stein des Raumfahrers«. Eigentlich handelt es sich um eine Platte auf dem Sarkophag des Königs Pacal, der in einem geheimen Raum im Tempel der Inschriften steht. Wenn es nach den Fantasien der Ufologen geht, zeigt die Darstellung einen Astronauten am Steuer eines Raumschiffs mit einem Triebwerk, aus dem Flammen schlagen. Die Archäologen sind dagegen der Ansicht, dass es sich um eine Darstellung des Königs zum Zeitpunkt des Übergangs vom Leben zum Tod handelt.

Las Bolas

(8°42'20,75"N  83°52'43,12"W)

GEHEIMNISVOLLE, PERFEKT GEARBEITETE STEINKUGELN TAUCHEN AN VERSCHIEDENEN ORTEN DER ERDE AUF. DIE MEISTEN FINDET MAN JEDOCH IN COSTA RICA

Costa Rica ist ein kleiner mittelamerikanischer Staat mit vier Millionen Einwohnern und wird jedes Jahr von einer Million Touristen besucht. Die meisten Urlauber fühlen sich von der paradiesischen Natur angezogen, aber manche sind einem unglaublichen, noch immer ungelösten Rätsel auf der Spur, dem der geheimnisvollen Steinkugeln. Die Geschichte beginnt im Jahr 1930, als Arbeiter im Zuge von Rodungen mit beeindruckender Häufigkeit auf seltsame Steinkugeln stoßen, die sie sich nicht erklären können: zu perfekt, um von Menschenhand geschaffen zu sein, zu unbegreiflich, um von der Natur hervorgebracht worden zu sein. Als sich das Gerücht verbreitet, die Kugeln würden im Inneren aus Gold bestehen, wurden etliche mithilfe von Dynamit gesprengt. Das Nationalmuseum Costa Ricas schritt ein und ließ viele Steinkugeln wieder zusammenfügen. Kein Gold also – welche Bedeutung haben die Kugeln dann? Wer hat sie geschaffen? Speziell entlang des Flusses Diquis und im Ort Palmar Sur stieß man auf unzählige dieser geheimnisvollen Steine. Die kleinsten Kugeln haben einen Durchmesser von einem halben Meter, die größten von mehr als zwei Metern. Und sie sind sehr schwer: Da sie aus granitähnlichem Gestein bestehen , beträgt ihr Gewicht bis zu Tonnen. Zeitlich lassen sich die Steinkugeln nicht einordnen – sie tragen keinerlei Inschrift, haben keinen Bezug zu einer bekannten Kultur, und man weiß auch nicht, wozu sie dienten. Und dennoch sind sie zu Hunderten im ganzen Land verstreut. Was können sie darstellen? Wovon zeugen sie? Niemand kann etwas Definitives dazu sagen. Aufgrund indirekter Datierungen von Verkrustungen vertreten Forscher die Ansicht, dass manche Bolas 2000 Jahre alt sind. Aber die Technik, mit der sie hergestellt wurden, bleibt nach wie vor rätselhaft. Denn die Kugeln sind perfekt geformt und geschliffen.

Da sie heute zum Teil Wohnungen, Gärten und Straßen in verschiedenen Dörfern schmücken, kann kaum mehr auf ihre ursprüngliche Anordnung geschlossen werden. Manche Wissenschaftler behaupten, dass sie einst Sternenkonstellationen wiedergegeben haben könnten – Spuren einer Kultur, die Tausende von Jahren vor den Maya existierte und auf mysteriöse Weise verschwand.

Das Fehlen wissenschaftlich haltbarer Erklärungen hat die Entstehung von Sciencefictiontheorien begünstigt. Die berühmteste stellte der estnische Wissenschaftler Ivan Zapp auf, der sich auf die Arbeiten des amerikanischen Archäologen Samuel Lothrop stützte. Er hält die Kugeln für Markierungspunkte einer Orientierungskarte, die nur aus der Luft sichtbar ist. In diesem Zusammenhang sei eine seltsame Sage erwähnt, die sich um den Gipfel des Chirripò rankt: Einer der Wege auf den Berg wird von den Einheimischen als Weg zum Friedhof der Goldmaschine bezeichnet. Der Name erinnert an einen Volksglauben, der in der Tat einer Sciencefictiongeschichte zu entstammen scheint. Danach war in uralten Zeiten am Berggipfel ein wundersamer Gegenstand vergraben, der fliegen konnte und seinen Weg anhand von Lichtreflexen fand, die von den perfekt geschliffenen Kugeln ausgingen.

Unmögliche Theorien, Sciencefictionerklärungen – es wurden Hypothesen aller Art aufgestellt, um den Ursprung der Kugeln von Costa Rica zu erklären, aber keine scheint die richtigen Antworten liefern zu können. Ob das Geheimnis um die uralten Bolas irgendwann gelüftet sein wird?

230 und 231 Es ist zu erwarten, dass die Steinkugeln aus Costa Rica demnächst von der UNESCO als Weltkulturerbe klassifiziert werden. Es sind gerade ihre Einfachheit und ihre perfekte Kugelform, die der Wissenschaft Rätsel aufgeben. Handelt es sich um das Werk von Menschen oder der Natur?

Eldorado

(*Koordinaten*  *unbekannt*)

Eldorado, eine versunkene, mit Gold bedeckte Stadt, der Sage nach eine von den Göttern geschaffene Welt, in der das älteste Wissen unseres Planeten gehütet wird. Ist Eldorado nur ein Traumgebilde, oder gibt es diesen verzauberten Ort wirklich irgendwo? Schon viele haben nach der versunkenen Goldstadt gesucht. Sicher ist, dass der britische Oberst Percy Fawcett, wohl das Vorbild für die Filmfigur »Indiana Jones«, in die entlegensten Gebiete der Erde vordrang und sein Leben der Suche nach Eldorado widmete. 1901 wurde Fawcett von der Royal Geographic Society aufgenommen und mit der Aufgabe betraut, Landkarten von Südamerika zu erstellen. Auf diese Weise erlangte er Kenntnis von einem sagenhaften Manuskript, das den Weg nach Eldorado weisen soll.

Die Sage um Eldorado entstand um 1500, als Kaiser Karl V. beschloss, Forscher zur Schatzsuche in die südamerikanischen Kolonien zu entsenden. 1536 berichten Gonzalo Jiménez de Quesada und Sebastian de Belalcazar von einem eingeborenen Häuptling, der in einer mit Gold bedeckten Lagune zu baden pflege. In mehr als 100 offiziellen Expeditionen wurde Eldorado zunächst in Florida, später in Venezuela, aber auch zwischen Peru und Bolivien und schließlich im brasilianischen Amazonasgebiet vermutet. Sogar Hitler soll geheime Forschungsreisen in das Gebiet des Amazonasbeckens organisiert haben. Aber was scheint an der Sage über eine zur Gänze aus Gold errichtete Stadt so glaubhaft?

Im Jahr 2001 stößt der italienische Anthropologe Mario Polia in den Archiven der Jesuiten in Rom auf ein außergewöhnliches Manuskript. Darin ist zu lesen, dass die sagenumwobene versunkene Stadt existiert und hinter einem Wasserfall im Amazonas-Regenwald verborgen ist. In dem Dokument aus dem Jahr 1600 erklärt der Jesuitenpater Andrea Lopez, sie entdeckt zu haben, und verlangt, den Papst persönlich davon in Kenntnis zu setzen.

Ein weiteres, ebenso altes und faszinierendes Dokument befindet sich in der Nationalbibliothek von Rio de Janeiro und ist als »Manuskript 512« bekannt. Es handelt sich um das Tagebuch eines portugiesischen Soldaten aus dem Jahr

1753, der berichtet, im Rahmen eines Forschungsauftrags von Brasilien aus in den Regenwald vorgedrungen und auf eine unglaublich prunkvolle Stadt inmitten des Dschungels gestoßen zu sein. Er beschreibt im Detail einen runden Platz mit einer großen, schwarzen, nach Norden gerichteten Basaltstatue, die von astronomischen Symbolen und Darstellungen der Planeten des Sonnensystems umgeben war. 1920 stützt sich Percy Fawcett auf das Manuskript 512 und eine kleine Basaltstatue, die er als Miniatur der im Manuskript beschriebenen Statue identifiziert. Darauf sind 22 Buchstaben in einem unbekannten Alphabet eingeritzt. Dieselben Symbole finden sich auch im Manuskript wieder. Fawcett schließt daraus, dass Eldorado existiert und im Amazonas-Regenwald liegt. Er organisiert zwei große Expeditionen nach Mato Grosso und eine in den Nordosten. Die Welt verfolgt seine Unternehmungen. Aber Mato Grosso ist eine riesige, unwegsame Region mit einer Fläche von rund einer Million Quadratkilometern. Sie zu durchsuchen ist ein extrem schwieriges Unterfangen. Fawcett begreift, dass er die Hilfe der einheimischen Stämme benötigt. Also lebt er mit ihnen, gewinnt ihr Vertrauen und besteht Initiationsprüfungen. Am Ende erhält er die Information, nach der er sucht: Eldorado soll sich angeblich in der Serra do Roncador befinden, einem riesigen, unerforschten Gebiet zwischen den Flüssen Xingu und Araguaia. Für die Indios ist das ein von seltsamen Wesen bewohntes Gebiet und gilt als heiliger Ort, der nicht entweiht werden darf.

Fawcett ist sich zu diesem Zeitpunkt seines Erfolgs sicher, obwohl ihn die Indios davor warnen, in die Serra do Roncador vorzudringen. Sein letzter Brief ist mit 29. Mai 1925 datiert und an seine Frau Nina gerichtet: »Ich hoffe, dass ich meinen Weg bald wieder aufnehmen und endlich den so oft erwähnten Wasserfall erreichen kann. […] Du darfst nie befürchten, dass ich scheitere.«

Danach verschwinden er und seine Begleiter für immer. Manche meinen, dass sie von feindseligen Eingeborenen aus Roncador getötet wurden, andere hingegen geben sich lieber der Vorstellung hin, dass die Forscher Eldorado wirklich gefunden haben und dass sie immer noch dort sind.

232–233 Die Serra do Roncador ist eine mächtige Gebirgsformation im Amazonas-Regenwald im brasilianischen Bundesstaat Mato Grosso.

233 Von Percy Fawcett, dem Mann, der möglicherweise die Landkarte mit dem Weg nach Eldorado besaß, fehlt seit 1925 jede Spur.

Die Nazca-Linien

(14°43'00" S - 75°08'00" W)

FÜR WESSEN AUGEN WAREN DIE GIGANTISCHEN ZEICHNUNGEN IN DER WÜSTE PERUS BESTIMMT? WER KONNTE UND SOLLTE SIE AUS DER HÖHE SEHEN?

Die berühmte Panamericana, eine weltweit einzigartige Straße mit 27 000 Kilometern Länge, führt in Peru mitten durch eine 300 Quadratkilometer große Wüste. Aber nicht die Panamericana ist die eigentliche Attraktion dieses Gebiets. Dutzende Flugzeuge überfliegen täglich das Gelände, damit man den Anblick einer unglaublichen archäologischen Stätte bewundern kann, die zum Weltkulturerbe erklärt wurde.

Die 1926 von dem peruanischen Archäologen Julio Tello entdeckten Nazca-Linien wurden durch den amerikanischen Geografen Paul Kosok berühmt, der das Areal im Jahr 1939 mit einem kleinen Flugzeug überflog. Am Boden sieht man nicht mehr als eine Reihe kleiner, nicht sehr tiefer Furchen. Von einem eigens errichteten 14 Meter hohen Turm wird die Aussicht kaum besser. Nur aus der Luft erkennt man die mehr als 200 Zeichnungen und 13 000 geometrischen Figuren, die das peruanische Wüstengebiet überziehen. Alle Bilder haben gigantische Ausmaße von 25 bis 275 Metern.

Das gigantische Werk geht auf alte Zeiten zurück, kann aber mangels organischer Materialien nicht datiert werden. Wenn die Nazca-Linien aus ferner Vergangenheit stammen, warum hat sie die Zeit nicht ausgelöscht? Das liegt zum einen daran, dass es in diesem Gebiet nie regnet, zum anderen am Umstand, dass die Sonne rund 1200 Stunden pro Jahr auf eine stark mineralisierte Fläche herunterbrennt, wobei ein thermisches Vakuum von ungefähr einem Meter

Höhe entsteht; aus diesem Grund fegen die Paracas genannten Winde nicht über den Boden.

Die Nazca-Linien sind eine Art Flachrelief, das zwischen sieben und zehn Zentimeter tief in den Boden gescharrt ist. Die offizielle Archäologie schreibt diese Werke der Nazca-Kultur zu, definiert diese jedoch als primitiven Stamm, der auf unerklärliche Weise Jahrhunderte vor dem Auftauchen seiner Nachfolger, der Inka, verschwunden sein soll. Die Linien sollen zwischen 200 v. Chr. und 700 n. Chr. unter Verwendung sehr primitiver Werkzeuge und Instrumente gezogen worden sein. Wie die Nazca so große Figuren mit derartiger Präzision zeichnen konnten, ist nicht klar. Man weiß auch nicht, welchen Zweck sie hatten.

Die nüchternsten Hypothesen gehen davon aus, dass es sich um religiöse Pfade handelte, die bei Wasserkulten und Zeremonien für die Fruchtbarkeit der Erde verwendet wurden oder Indikatoren für Quellen waren.

Paul Kosok, einer der ersten Wissenschaftler, die sich mit den Nazca beschäftigten, sieht in den Linien Indikatoren für das Auf- und Untergehen der Sonne und anderer Sterne. Diese Ansicht teilte die deutsche Astronomin Maria Reiche, die ihr Leben in Nazca verbrachte und behauptete, dass mithilfe der Zeichnungen die Sonnenwenden, die Äquinoktien, die Sonnen- und Mondfinsternisse sowie die besten Zeiten für die Aussaat und Ernte bestimmt wurden.

Aber die am schwierigsten zu beantwortende Frage ist seit jeher dieselbe: Warum wurden Zeichnungen angefertigt, die

234–235 Die als »Raumfahrer« bekannte Scharrzeichnung ist eine der umstrittensten in der Ebene von Nazca. Sie verdankt ihren Namen der anthropomorphen Figur, die einen übermäßig großen Kopf aufweist. Dieses Detail ließ die Idee aufkommen, dass es sich um den Helm eines Raumfahrers handelt. Nach Ansicht der Archäologin Maria Reiche soll die Zeichnung dagegen einen Schamanen oder Priester darstellen.

235 Nahe der Panamericana, eines Straßennetzwerks, das in Peru 300 Kilometer weit durch ein Wüstengebiet führt, insgesamt aber von Alaska bis Chile reicht, erstreckt sich das über 500 Quadratkilometer große Gebiet, auf dem die beeindruckenden Geoglyphen zu finden sind. Die in den steinigen Wüstensand gezogenen Linien und Bilder zählen zweifellos zu den geheimnisvollsten Spuren der Menschheit.

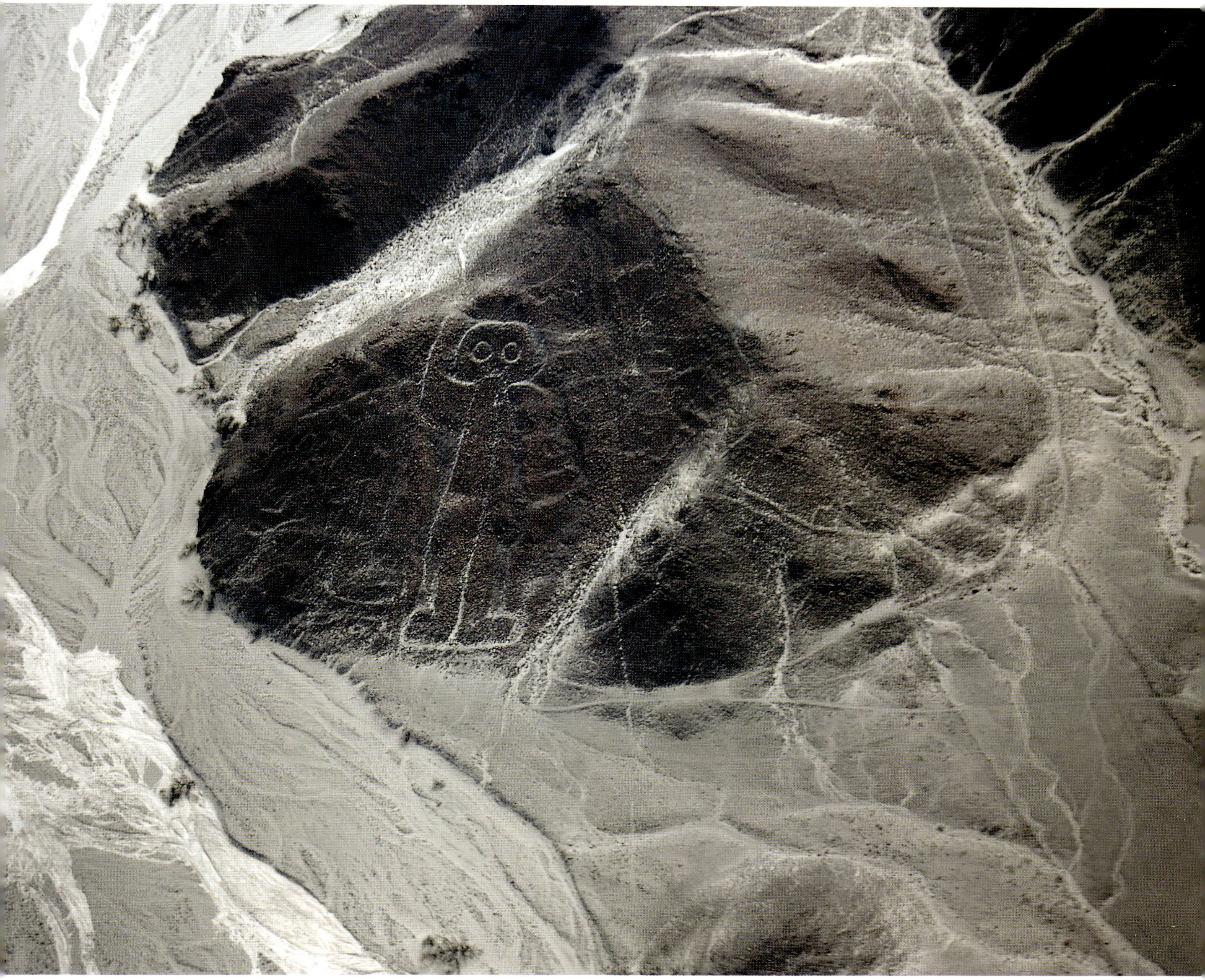

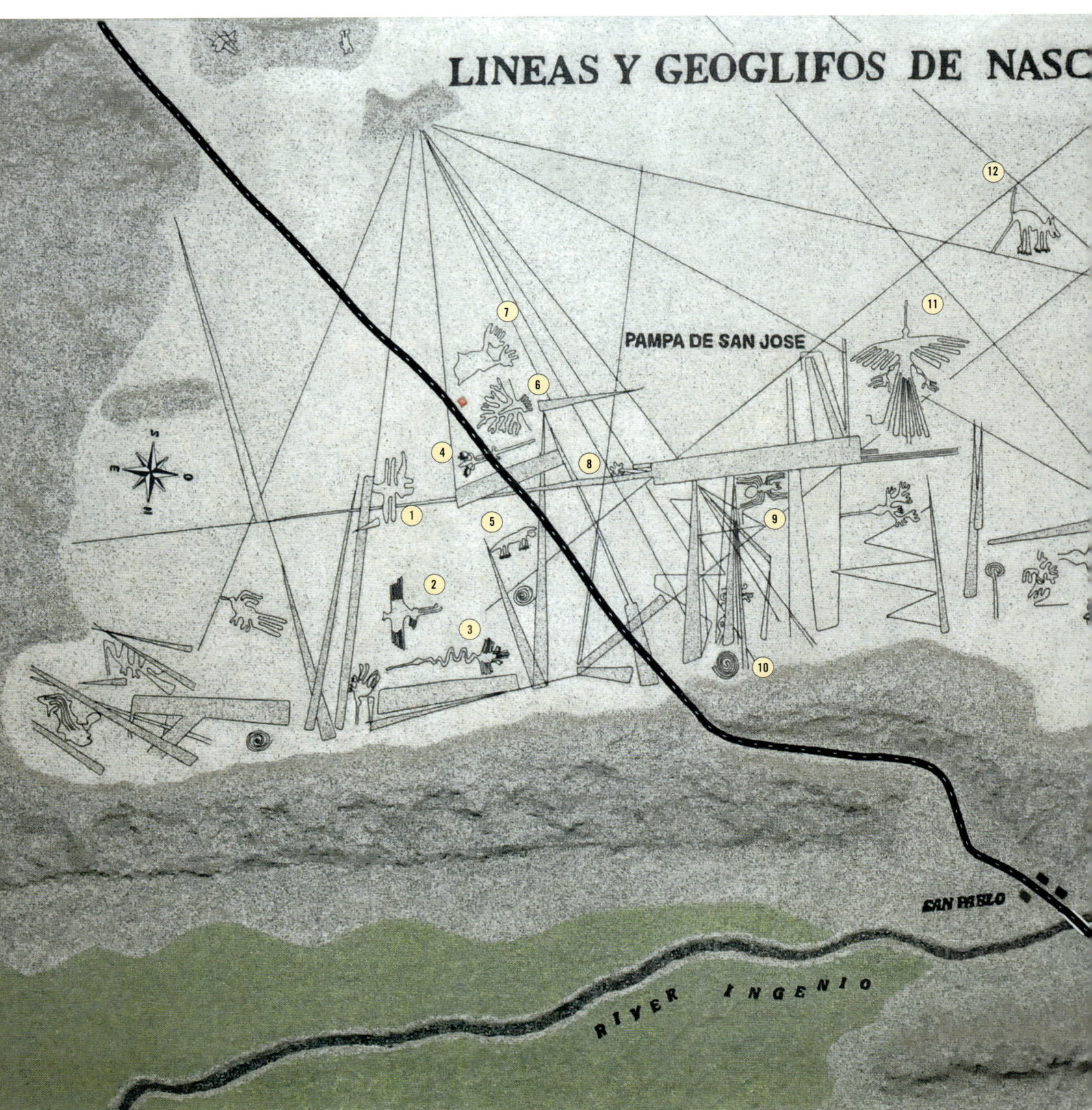

LINEAS Y GEOGLIFOS DE NASC

PAMPA DE SAN JOSE

SAN PABLO

RIVER INGENIO

LEGENDE DER KARTE MIT TIERDARSTELLUNGEN

1) PAPAGEI	4) EIDECHSE	7) HÄNDE	10) SPIRALE	13) PAPAGEI
2) SEEVOGEL	5) ALLIGATOR	8) BLUME	11) KONDOR	14) ALGE
3) REIHER	6) BAUM	9) SPINNE	12) HUND	15) AFFE
				16) KOLIBRI

man nur von oben sehen und bewundern kann? Für wessen Augen waren sie bestimmt?

Manche denken an alte Legenden, die über die Viracochas berichten, geheimnisvolle Besucher, die angeblich die Zivilisation in dieses Gebiet brachten: Männer mit heller Haut, rotem Haar und ausgestattet mit übernatürlichen Kräften. Denn die geheimnisvollen mythologischen Gestalten waren in der Lage, den Himmel zu durchqueren.

Was immer man von diesem Mythos halten mag – auch der eingefleischteste Realist verstummt beim Überfliegen der Hochebene. Die beeindruckenden Bilder zeigen eine Spinne, verschiedene Vogelarten, darunter einen Kondor und einen Kolibri, und andere Tiere. Es gibt auch einige Darstellungen von menschlichen Gestalten mit einer seltsamen leuchtenden Aura um den Kopf. Einige der geraden, mit beeindruckender Präzision gezogenen Linien sind länger als acht Kilometer. Spannend ist auch die Tatsache, dass der Großteil der in Nazca dargestellten Tierarten dort gar nicht vorkommt.

Beispielsweise gehört die berühmte Spinne von Nazca einer der seltensten Spinnentiergruppen der Welt an, die nur in den unwegsamsten Gebieten des Amazonas-Regenwaldes lebt und ein besonderes Fortpflanzungsorgan hat, das normalerweise nur unter dem Mikroskop sichtbar ist. Wie konnten die Nazca diese Spinne mit ihrem besonderen Merkmal kennen?

Das ungelöste Geheimnis fasziniert seit Jahrzehnten Forscher aus aller Welt und lässt Sciencefictiontheorien blühen. Fantasiebegabte Autoren wie Erich von Däniken oder Peter Kolosimo sehen in den Linien von Nazca Signale und »Landepisten« für die Fluggeräte von Außerirdischen. Ohne so weit zu denken, ist es aber vorstellbar, dass unser Wissen über Kulturen aus der Vergangenheit nur einen Bruchteil der Wahrheit umfasst. Der Rest scheint – wie hier in Nazca – unter dem Sand der Zeit verweht zu sein.

236–237 Die Karte mit den Nazca-Linien hilft, um sich innerhalb der 200 Zeichnungen und 13 000 geometrischen Figuren, die in den trockenen Boden der peruanischen Wüste gescharrt sind, zu orientieren. Alle Bilder haben so gigantische Abmessungen, dass man sie nur aus der Höhe bewundern kann. Die kleinsten Bilder messen 25 Meter, die größten sind bis zu zehnmal größer.

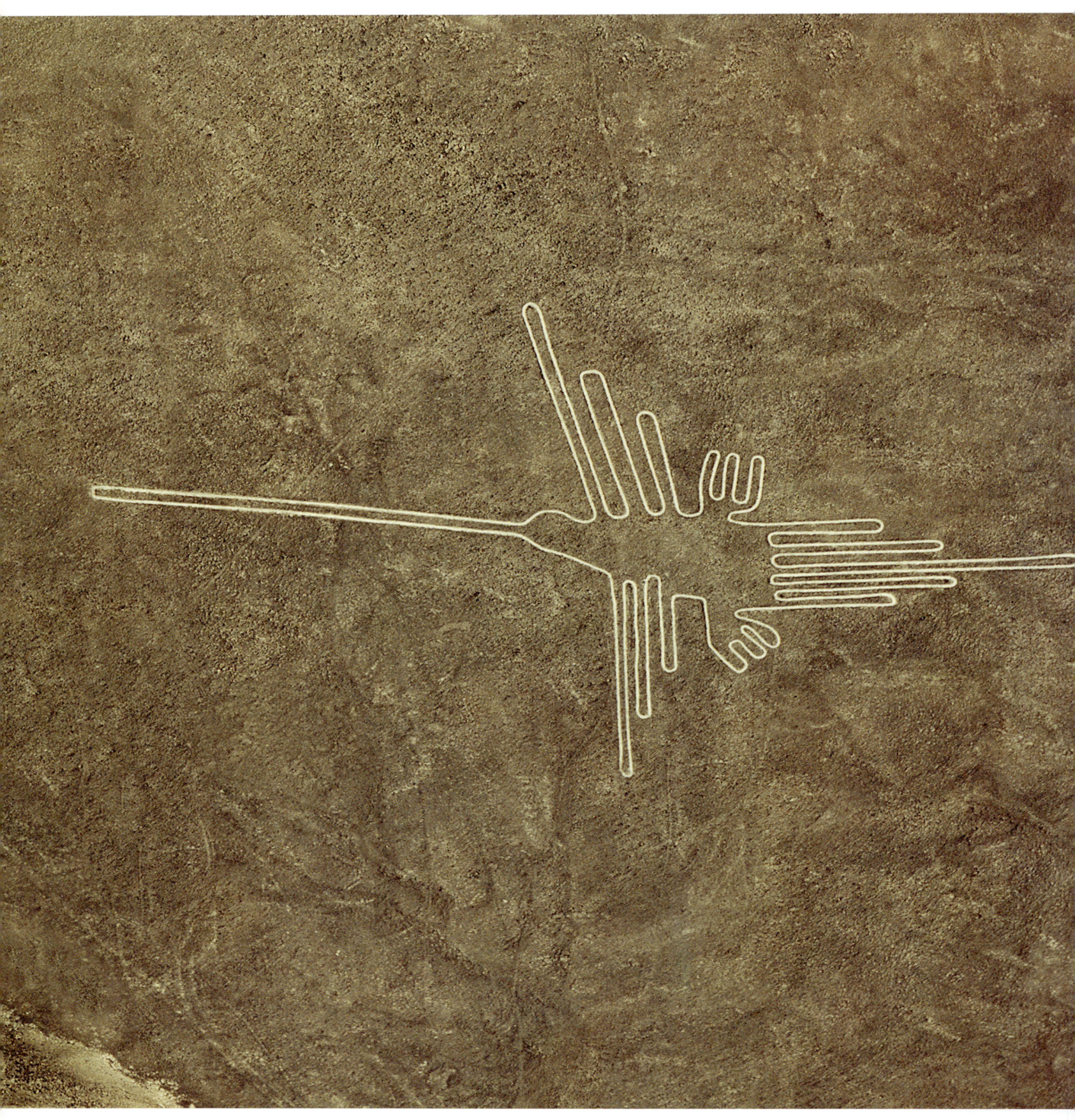

238–239 Der Kolibri ist eines der berühmtesten Bilder in der Nazca-Ebene. Wie alle anderen Nazca-Figuren besteht die Zeichnung aus einer einzigen, ununterbrochenen Linie. Seine Flügelspannweite beträgt 66 Meter, seine Länge beinahe 100 Meter. Für die indigenen Einwohner von Nazca galten die Kolibris als Boten der Götter, aber auch als Vermittler zu den als heilig geltenden Kondoren.

239 oben Die erste Erdzeichnung, die in der Nazca-Ebene entdeckt wurde, war die Spinne. Das Tier läuft an einer gigantischen trapezförmigen Figur entlang. Bestimmte anatomische Merkmale scheinen auf eine Spinnenart hinzudeuten, die mehr als 1500 Kilometer von Nazca entfernt im Amazonasgebiet vorkommt.

239 unten Der Kondor ist der unumstrittene König der Anden. Sein Flug in großen Höhen hat die Menschen seit jeher beeindruckt. Er gilt als eines der heiligsten Tiere Südamerikas. Bei vielen Völkern wird er mit einer Gottheit der Berge gleichgesetzt. Der in der Nazca-Ebene eingeritzte Kondor ist 130 Meter lang und mehr als 100 Meter breit.

240 oben Die »Papagei« genannte Erdzeichnung wird unterschiedlich interpretiert. Nach neuen Deutungen könnte es sich auch um eine riesige Ameise handeln. Manche erkennen in der Zeichnung sechs Beine am Körper, von denen zwei verwischt sind, und einen Fühler auf der linken Seite. Diese Hypothese wird durch die Tatsache bekräftigt, dass kein anderer in Nazca dargestellter Vogel ähnlich gezeichnete Flügel hat.

240 unten Am östlichsten Punkt der Nazca-Ebene findet sich über einem großen Rechteck das Bild eines Wals. Das gigantische Tier stellte für die Völker von Nazca eine Meeresgottheit dar. Die Zeichnung zählt mit »nur« 27 Metern nicht zu den majestätischsten, beeindruckt aber durch das darstellerische Geschick.

240–241 Der spiralförmige Schwanz des in Nazca dargestellten Affen ist zu einem Symbol für die ganze Ebene geworden. In Peru wurden Affen verehrt, da sie Wasserstellen kannten. Der Affe von Nazca hat neun anstelle von zehn Fingern, aber das soll angeblich keinen Fehler darstellen. Missbildungen galten bei den peruanischen Völkern nämlich als Zeichen des Göttlichen.

242–243 Von oben betrachtet erschließt sich der geheimnisvolle Zauber der über dem Urubamba-Tal gelegenen Ruinen von Machu Picchu am besten. Wer konnte vor Jahrhunderten diese Gipfel erklimmen, um hier eine Stadt zu erbauen?

243 Hiram Bingham entdeckte Machu Picchu im Jahr 1911. Eigentlich glaubte er Vilcabamba gefunden zu haben, die Stadt, in die sich die letzten Inka flüchteten. Bingham kam in Hawaii zur Welt und kämpfte im Ersten Weltkrieg in Frankreich. Später wurde er Senator der Vereinigten Staaten. Viele meinen, dass er als Vorbild für die Filmfigur des Indiana Jones gedient hat.

Machu Picchu

(13°09'47"S  72°32'44"O)

EIN JUWEL INMITTEN DER UNZUGÄNGLICHEN ANDEN-GIPFEL, EINE ALTE KULTUR, DIE SICH BEGEISTERT MIT DEN BEWEGUNGEN DER STERNE BESCHÄFTIGTE

Im Juli 1911 wagt sich ein junger Forscher an Orte vor, die bis dahin als von Menschen unberührt galten, und macht dabei eine bedeutsame Entdeckung: die versunkene Stadt Machu Picchu, die Stadt der tausend Geheimnisse. Wer hat die mächtigen Steine auf einen so schwierig zu besteigenden Berg gebracht? Wer hat sie vor Hunderten, wenn nicht Tausenden Jahren so perfekt zusammengefügt? Machu Picchu bot damals dem jungen Forscher namens Hiram Bingham einen spektakulären Anblick. Heute ist die Stadt, deren Name in Quechua »alter Gipfel« bedeutet, einfacher zu erreichen, hat aber nichts von ihrem Zauber eingebüßt. Sie liegt in einem sehr unwegsamen Gebiet Perus und wurde vielleicht deshalb von den Konquistadoren nicht entdeckt. Nicht einmal die Missionare, die sich in der Nähe niederließen, ahnten etwas von ihrer Existenz. Laut offizieller Lehrmeinung ist die Ansiedlung erst um das 15. Jahrhundert entstanden, aber einige Wissenschaftler vermuten, dass die wichtigsten Elemente der Anlage von Machu Picchu nach besonderen astronomischen Aspekten ausgerichtet sind, aus denen sich ableiten lässt, dass sie in der Zeit zwischen 4000 und 2000 v. Chr. geplant wurden.

Die Stadt auf dem Berg ist ein zauberhafter, prächtiger Ort – vor allem aus der Luft betrachtet. Aber wozu diente sie? Zum Zeitpunkt ihrer Hochblüte konnte sie höchstens 750 Einwohner aufnehmen. Aus diesem Grund wird oft vermutet, dass es sich um eine Kultstätte handelte. Eine interessante Studie über die Ausrichtung des Stadtgrundrisses an den Kardinalpunkten kommt zu dem Ergebnis, dass die Stadt auf das Jahr 3172 v. Chr. zu datieren ist. Sicher ist auf jeden Fall, dass, wer auch immer zu diesem verlassenen Gipfel vordrang, einen triftigen Grund dafür hatte.

In einem der ältesten Räume von Machu Picchu sind zwei Mörser zu erkennen. Nach verbreiteter Ansicht dienten sie zum Färben von Kleidern; andere halten sie dagegen für ein Observatorium, denn in den mit Wasser gefüllten Wannen spiegelten sich die Sterne. Auf diese Weise konnte man ihre Bewegungen verfolgen und studieren. Die Inka waren die

letzten Bewohner von Machu Picchu, aber wer waren die ersten? Wer legte den Grundstein? Es gibt zahlreiche Theorien dazu, ernst zu nehmende und weniger ernst zu nehmende. Wie bei den meisten Megalithruinen, die sich in anderen Gebieten der Erde befinden, scheinen auch in Machu Picchu einige Bauten richtiggehende »Observatorien aus Stein« zu sein, die zur Berechnung der Tagundnachtgleichen und der Sonnenwenden dienten. So ist der »Tempel der zwei Fenster« nach den Äquinoktien ausgerichtet und ermöglicht die Beobachtung der Sonne durch die beiden trapezförmigen Fensteröffnungen.

Auch der »Tempel der drei Fenster« diente zur exakten Bestimmung der Bewegungen der Gestirne. Eine in den Felsen gemeißelte Treppe führt zur Spitze eines Felssporns, auf dem nur ein einziger Stein steht, der wie ein Thron wirkt;

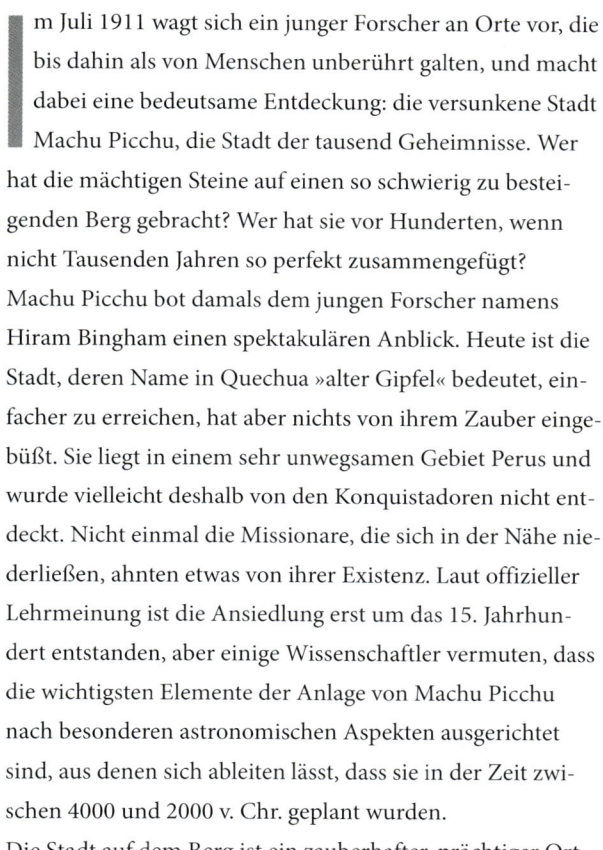

244 *Machu Picchu gliedert sich in zwei große Bereiche, und zwar in einen städti-*
schen und einen landwirtschaftlichen Teil mit Anbauterrassen. Diese Terrassier-
ungen wirken wie eine gigantische, in den Hügel gehauene Treppe. Die Abmauerungen
bestehen aus Materialien, die das Wasser abfließen lassen – ein für die Zeit seiner
Errichtung technisch sehr fortschrittliches Werk.

245 oben Der Kondortempel ist ein prachtvolles Beispiel für das bildhauerische Können der Erbauer von Machu Picchu. Unter Nutzung einer bestehenden Felsformation gelang es den Künstlern, einen fliegenden Kondor in einer steinernen Statue
darzustellen. Der Kopf des Vogels soll als Opferaltar gedient haben.

245 unten Der städtische Bereich von Machu Picchu ist in drei Bereiche gegliedert,
einen für das Volk, einen für Priester und Adelige und einen heiligen Bereich. In
Letzterem stehen die Bauwerke, die dem Gott Inti geweiht sind, und zwar der Sonnentempel, die Intihuatana-Sonnenuhr und der Tempel mit den drei Fenstern, der
zur Beobachtung der Sterne diente.

Überragt wird er von einem weiteren kleinen Monolithen, der »Stein der Sonne« genannt wird. Auch er diente zur Bestimmung der Sonnenwenden und Tagundnachtgleichen. Offensichtlich konzentrierte sich die ganze Stadt auf die Beobachtung der Sonne. Erbaut ist Machu Picchu aus mächtigen Mauern, die aus riesigen Steinblöcken errichtet wurden. Ohne irgendeine Art von Mörtel entstand hier ein Puzzle aus perfekt zusam-mengefügten polygonalen Steinen. Einer der größten ist ein rund dreieinhalb Meter langer und eineinhalb Meter breiter Block mit einem geschätzten Gewicht von 200 Tonnen. Um Machu Picchu geistert aber noch ein wei-teres Geheimnis: Es gab hier oben nicht genug Erde, um die Anlage zu errichten. Es heißt, dass 25 000 Tonnen Erde aus einem 400 Meter tiefer gelegenen Tal hierher trans-portiert werden mussten – alles nur mit Mus-kelkraft oder auf dem Rücken von Maultie-ren. Warum so viel Mühe? Und wer war in der Lage, so perfekte Intarsien zu schaffen und Steine so präzise zu schneiden? Die Inka berichteten, eine nach dem Schöpfergott Viracocha genannte Kultur habe es auf diesen Gebieten zur Meisterschaft gebracht. Eine legendäre Zivilisation, die von allen Völkern Perus verehrt wurde. Ob Machu Picchu ihr Heiligtum war?

246–247 Seit dem 7. Juli 2007 – das Datum wurde wegen der Zahl Sieben gewählt: 7–7–7 – gilt Machu Picchu offiziell als eines der sieben neuen Weltwunder. Aufgrund einer weltweiten Umfrage, die sieben Jahre dauerte, erlangte die Stadt ihren prestigeträchtigen Status neben Chichén Itzá, dem Kolosseum, dem Taj Mahal, Petra, der Christusstatue in Rio de Janeiro und der Chinesischen Mauer.

246 Machu Picchu weist eine beeindruckende Anzahl an Tempeln und heiligen Orten auf. Der Sonnentempel, der der höchsten Gottheit Inti geweiht ist, wurde so gebaut, dass am Tag der Wintersonnenwende das Sonnenlicht durch das mittlere Fenster einfällt und den großen Zeremonialstein beleuchtet. Der heilige Stein ist durch eine runde Mauer geschützt.

247 Entsprechend der Religion der Inka mussten die Toten außerhalb der Stadtmauern begraben werden. In der Tat haben Archäologen eine Reihe von Gräbern in einem Areal gefunden, das als oberer Friedhof bezeichnet wird. Die Ausgrabungen haben auch einen großen Granittisch ans Licht gebracht, in den drei Stufen gehauen sind. Möglicherweise diente er für rituelle Zeremonien oder die Darbringung von Opfern.

Sacsayhuamán

(13°30'28"S  - 71°58'56"O)

EINE IN PUMAFORM ANGELEGTE STADT AUF DEN GIPFELN DER ANDEN
UND EINE DER HEILIGSTEN STÄTTEN DER INKA

Es gibt Orte, die mehr als andere eine Fülle unbeantworteter Fragen aufwerfen, die bis in archaische Zeiten zurückreichen. Einer davon liegt ganz sicher in Peru. Die Rede ist von Cusco, der ehemaligen Hauptstadt des Inkareichs. Sie war der berühmte »Nabel der Welt«, denn ihr Name bedeutet in der alten Quechua-Sprache »Zentrum« oder »Nabel«. Nach geltender Lehrmeinung entstanden die ersten menschlichen Ansiedlungen hier vor rund 3000 Jahren. Die auf 3400 Metern Seehöhe gelegene Stadt ist auf einem Grundriss errichtet, der einen Puma darzustellen scheint. Das heilige Tier der Inka symbolisierte Macht und galt als Beschützer der irdischen Dinge.

Garcilaso Inca de la Vega schreibt in seinem berühmten Werk »Comentarios Reales de los Incas« aus dem Jahr 1609 über das Gebiet von Cusco: »Konstruktionen mit derart unvorstellbaren Proportionen, dass man denken muss, dass irgendein Zauber bei ihrer Errichtung im Spiel war, dass sie ein Werk von Dämonen und nicht von Menschen sind [...] aus so großen und zahlreichen Steinen, dass man sich fragt, wie die Indios sie bearbeiteten, da sie weder Eisen- oder Stahlwerkzeuge hatten, um die Steine zu schneiden und zu glätten, noch Ochsen und Karren, um sie zu transportieren.«

Die Blöcke aus grünem Diorit, einem besonders schwierig zu bearbeitenden Mineral, sind ohne Mörtel zusammengesetzt. Sie sind so präzise geschliffen, dass sie so dicht aufeinanderliegen, dass auch heute nicht einmal eine Rasierklinge zwischen den Steinen Platz finden würde. Wie konnten die Inka ein Werk dieser Art vollbringen, zumal sie keine Spuren von fortschrittlicher Technik hinterlassen haben – und wohl weder Rad noch Karren kannten? Wie gelang es ihnen, den harten Stein zu modellieren, als wäre er Wachs, ihm die seltsamsten Formen zu verleihen und ein geniales, überaus solides System zum Zusammensetzen der polygonalen Blöcke zu entwickeln? Steine jeglicher Art und Größe sind hier zu Intarsien mit erstaunlichen Winkeln zusammengefügt. Die Technik der Inka scheint auch wesentlich ausgefeilter als die zeitgenössische Baukunst in Europa, obwohl der Alte Kontinent in kultureller, wissenschaftlicher und technischer Hinsicht weiter fortgeschritten war.

Sacsayhuamán ist ein Vorgebirge am Rand von Cusco, auf dem ein geheimnisumwittertes Bauwerk steht. Wörtlich bedeutet der Begriff auf Aymara »der Ort, an dem sich der Falke sättigt«. Wenn man davon ausgeht, dass Cusco in der Form eines Pumas angelegt ist und ihr Hauptplatz die Brust des heiligen Tieres darstellt, dann bildet Sacsayhuamán eindeutig seinen Kopf – drei Zickzackwälle können als Rachen interpretiert werden. Der Komplex kann Zehntausende Menschen aufnehmen, was vielleicht der Grund dafür war, dass die Konquistadoren die Anlage als »Festung« bezeichneten. Viele Wissenschaftler sind dagegen der Meinung, es handle sich um ein religiöses Bauwerk, ein heiliges Areal oder sogar um einen einzigen kolossalen Tempel. Manche Legenden erzählen, dass diese Mauern schon standen, bevor die Inka sich hier ansiedelten, die Forschung schreibt aber ihnen die Errichtung dieser grandiosen Stätte zu. Angeblich hat der Inka Pachacútec im Jahr 1438 den Auftrag für die Errichtung der Anlage erteilt.

249 Von oben bietet Cusco einen Anblick, wie man ihn nur selten auf der Welt zu Gesicht bekommt. Die ganze Stadt wirkt wie eine riesige Darstellung eines Pumas, des heiligen Tieres der Inka. Der Hauptplatz entspricht der Brust der Katze, während die Festung von Sacsayhuamán den Kopf und ihre charakteristischen Zickzackmauern den Rachen des Tieres darstellen.

250–251 Alles, was an diesem einzigartigen Kulturdenkmal nicht niet- und nagelfest war, wurde geplündert. Geblieben sind nur die Steine, welche die unglaubliche Bautechnik der alten Bewohner Cuscos bezeugen. Man schätzt, dass mehr als das Doppelte dessen, was heute noch in Sacsayhuamán zu sehen ist, verschwunden ist. Was mag wohl alles verloren gegangen sein?

252–253 Das Haupttor der Ruinen von Sacsayhuamán führt nicht einfach zu einer der faszinierendsten Stätten Südamerikas. Denn die spirituellen Meister der andinen Tradition betonen, dass das Überschreiten der Schwelle bedeutet, mit dem Bauch von Pachamama, der heiligen Mutter Erde, in Verbindung zu treten.

253 Gegenüber der Festung gibt es einen eigen-artigen Hügel mit welligem Gelände, durch das parallele Furchen im Stein entstehen. Auf seinem Gipfel erhebt sich der sogenannte Inkathron. Von dort aus erhält man einen beeindruckenden Überblick über die gesamte Anlage. Auf dem Gipfel dieses Hügels traf man sich anlässlich des traditionellen Waraqo-Festes, bei dem sich die jungen Leute in Kraft, Geschicklichkeit und Intelligenz maßen.

Rund 70 Jahre soll der Bau gedauert haben. In Sacsayhuamán fügen sich bis zu neun Meter hohe und bis zu etwa 200 Tonnen schwere Steinblöcke passgenau ineinander. Mehrere Jahrhunderte konnten dieser Konstruktion nichts anhaben. Die rätselhafte Bautechnik – perfekt aufeinander passende Steine – ist hier auf drei Ebenen zu erkennen. In Sacsayhuamán sind jedoch nicht nur die zyklopischen Mauern ein Rätsel. Auf der eingeebneten Fläche am höchsten Punkt der Anlage wurden alte Fundamente mit polygonalen Grundrissen gefunden. Was stand auf diesen Fundamenten? Bis heute gibt es keine plausible Erklärung für diese merkwürdigen Überreste. Im Übrigen nimmt man an, dass das, was heute in Sacsayhuamán freigelegt ist, nur 30 Prozent der einstigen Anlage ausmacht. Die jahrhundertelangen Plünderungen der Festung haben ihre Spuren hinterlassen. Geblieben ist lediglich, was nicht weggetragen werden konnte, denn Steine, Intarsien und Dekorationen sind irgendwo in Amerika und Europa gelandet. Sicher ist nur, dass auch diese Anlage perfekt an den vier Kardinalpunkten ausgerichtet ist und die Mauern, die die drei Kreise auf ihrem höchsten Punkt schneiden, ideal angelegt sind, um die Sonnenwenden im Winter und im Sommer zu bestimmen. Handelte es sich etwa um eine alte Sternwarte? Waren die Inka in der Lage, Bauwerke dieses Ausmaßes zu errichten? Oder geht Cusco gar auf eine Vorzeit zurück, von der wir noch nichts wissen?

Der Titicaca-See

(15°54'S — 69°18'W)

DAS GEOGRAFISCHE HERZ EINER DER ÄLTESTEN KULTUREN DER ERDE SCHEINT
AUF SEINEM UNBERÜHRTEN GRUND EINE UNGLAUBLICHE WAHRHEIT ZU HÜTEN

An der Grenze zwischen Peru und Bolivien spiegelt sich der südamerikanische Himmel in einem der schönsten Seen der Welt, dem Titicaca-See, der eingebettet zwischen den Gipfeln der Anden auf 3818 Metern Höhe liegt. 200 Kilometer lang und 65 Kilometer breit ist der höchstgelegene schiffbare See der Welt und wird von naturbelassenen Ufern gesäumt. Dennoch lag er in ferner Vergangenheit auf dem Grund des Ozeans, und genau das macht dieses Gebiet so geheimnisvoll. Es ist nämlich von Millionen fossiler Muscheln übersät, was bedeutet, dass die gesamte Hochebene einst Meeresgrund war, der durch die Bewegung der Erde bei der Bildung des südamerikanischen Kontinents emporgehoben wurde. Vor rund 200 Millionen Jahren soll sich das ereignet haben.

Aber das ist noch nicht alles. Im Lauf der Zeit hat die Morphologie dieses Gebiets weitere tiefgreifende Veränderungen erfahren. Das Bett des Sees war Schwankungen unterworfen, wodurch es sich neigte. Solche Bewegungen vollziehen sich normalerweise in Tausenden, wenn nicht Millionen von Jahren. Warum aber sind die Ruinen der alten Stadt Tihuanaco, die mit ihren mächtigen Kais einst sicher am Wasser gelegen hat und nach jüngsten archäologischen Ergebnissen vielleicht sogar eine Insel im See war, heute 30 Kilometer vom Titicaca-See entfernt?

Wenn Tihuanaco tatsächlich eine Insel war, muss sich in diesem Gebiet eine Naturkatastrophe ereignet haben, die das Niveau des Sees dramatisch abgesenkt hat, eine Katastrophe, die ein Volk, das möglicherweise rund um den Titicaca-See lebte, auslöschen konnte. Assoziationen an den Atlantismythos drängen sich auf.

Vielleicht ist es kein Zufall, dass eine berühmte Legende aus den Andenländern, die vom Missionar José de Acosta aufgezeichnet wurde, der als einer der ersten Europäer in das Gebiet kam, Folgendes erzählt: »Wegen eines ungenannten Verbrechens wurde das Volk, das in der Vorzeit hier lebte, durch eine Überschwemmung vernichtet. Danach entstieg der Schöpfer in menschlicher Gestalt dem See und brachte die Sonne, den Mond und die Sterne zurück.« Die Indios sprechen von einer Überschwemmung, durch die fast alle Menschen ums Leben kamen, und vom Gott Viracocha, der dem Titicaca-See entstieg und das Leben zurückbrachte. Das immer wiederkehrende Thema eines im Wasser versunkenen Volkes ist also auch in Südamerika durchaus lebendig. Laut offizieller Lehrmeinung aber gab es um das Jahr 10 000 v. Chr., als dies geschehen sein soll, keine entwickelte Kultur in der Gegend.

Doch es verbirgt sich etwas unter der Oberfläche des Sees. Im Jahr 2000 sorgte eine Meldung für Aufsehen, nach der es einer italienischen Forschergruppe gelungen war, im Titicacasee versunkene Siedlungen aufzuspüren, darunter in 30 Metern Tiefe die Überreste eines Tempels mit einer Fläche über 3000 Quadratmetern. In 70 Metern Tiefe gibt es eine Straße, die die Halbinsel mit der Isla del Sol zu verbinden scheint. Außerdem wollen sie in 100 Metern Tiefe Stützmauern und Terrassenanlagen zur landwirtschaftlichen Nutzung entdeckt haben: Das Forscherteam hat auch Amphoren aus der Inka- und der Prä-Inkazeit sowie Gefäße aus Amazonien gefunden. Die Tatsache, dass sich die Überreste in so unterschiedlichen Tiefen befinden, scheint eine weitere Bestätigung für die Hypothese zu sein, dass sich das gesamte Gebiet gehoben und abgesenkt und schließlich auf eine Seite geneigt hat. Ebenfalls zu bewahrheiten scheint sich die Annahme, dass an den Ufern des Titicaca-Sees eine blühende Kultur weitaus früher existierte, als man es bisher angenommen hat.

254–255 Der Titicaca-See zählt zu den eindrucksvollsten Seen der Erde. Er liegt auf dem Altiplano, der Hochebene der Anden, und seine Wasserfläche umfasst etwa 8300 Quadratkilometer. Der westliche Teil des zweitgrößten südamerikanischen Sees gehört zu Peru, der östliche zu Bolivien.

254 Eine der größten Inseln im Titicaca-See ist die Isla del Sol. Nach dem Glauben der Inka kam hier der Sonnengott zur Welt. Mehr als 180 Relikte zeugen von der Präsenz einer uralten Kultur. Hier befindet sich ein wie ein Labyrinth angelegtes Gebäude namens Chicana.

Tiahuanaco

(16°33'17"S  - 68°40'24"W)

WENIGER EINE STADT, VIELMEHR EIN IMMENSER, URALTER ASTRONOMISCHER
KALENDER, AUF BEINAHE 4000 METERN SEEHÖHE IN STEIN GEMEISSELT

Auf 3846 Metern Seehöhe liegt auf einer kahlen Hochebene zwischen den majestätischen Andengipfeln und dem berühmten Titicaca-See der geheimnisumwitterte Ort Tiahuanaco, eine der faszinierendsten Ruinenstätten der Welt. »Setz dich nieder kleines Lama« bedeutet der Name sinngemäß.
Der Missionar Pedro Cieza de Leon schrieb dazu in seinen Tagebüchern aus dem Jahr 1549: »Die Erbauer dieser mächtigen Fundamente und Befestigungen sind uns nicht bekannt, wir wissen nicht, wie viel Zeit seit ihrem Bestehen vergangen ist, da wir heute nur kunstvoll hergestellte Mauern sehen, die vor Jahrhunderten errichtet wurden. Manche Steine sind zertrümmert, aber andere sind so imposant, dass man sich fragen muss, wie ein Mensch sie an die Stelle bringen konnte, an der sie sich heute befinden. Ich würde sogar wagen zu behaupten, dass es sich um die ältesten Völker Perus handelt [...] Ich habe Eingeborene gefragt, ob sie auf die Zeit der Inka zurückgehen, aber sie haben nur gelacht und wiederholt, was ich schon gesagt habe: Sie wurden vor der Herrschaft der Inka errichtet. Sie konnten aber auch nicht sagen oder vermuten, wer sie errichtet hatte und aus welchem Grund.«
Man weiß nicht, ob Tiahuanaco die Hauptstadt eines großen Reichs war, aber es war mit Sicherheit ein heiliger Ort, an dem Zeremonien und Rituale abgehalten wurden, die wir nicht kennen. In der Zeit ihrer maximalen Ausdehnung bot die Stadt auf mehr als zwei Quadratkilometern Fläche

Lebensraum für rund 20 000 Menschen. Sie stellt die größte Megalithanlage Südamerikas aus der Prä-Inkazeit dar. Die Geschichte der geheimnisvollen Tiahuanaco-Zivilisation unterteilt sich in fünf Epochen. Sie beginnt ganz traditionell um 2000 v. Chr. und endet – mysteriöserweise – im Jahr 1200 n. Chr. Man weiß sehr wenig über diese Kultur, da in Tiahuanaco keine Schriftzeugnisse gefunden wurden. Der Titicaca-See spielte sicher eine zentrale Rolle in ihrer Entwicklung, denn die Gebäude von Tiahuanaco standen einst an seinen Ufern. Darauf lassen zumindest die Überreste des Puma Punku genannten Gebiets schließen, das möglicherweise den Zugang vom verschwundenen alten Hafen zur Stadt darstellte. Heute liegt der Titicaca-See 18 Kilometer weiter entfernt und gut 30 Meter tiefer, was an eine Naturkatastrophe beträchtlichen Ausmaßes denken lässt, das sich dort ereignet haben mag.
Die Ruinen der Akapana-Pyramide stehen auf einem 16 Meter hohen Hügel. An ihrer Spitze befindet sich ein geheimnisvolles ovales Becken. Einer weit verbreiteten Meinung zufolge diente es zum Auffangen von Wasser, andere glauben, dass hier die Bewegungen der sich im Wasser spiegelnden Sterne studiert wurden. Etwas weiter nördlich liegt die Kalasasaya, eine 130 Meter mal 120 Meter große Plattform mit rund drei Metern Höhe, auf der unbekannte Rituale und Zeremonien stattgefunden haben müssen. Beeindruckend ist die Bauweise, die hier zur Anwendung kam, denn die extrem schweren Blöcke aus Andesit und

256–257 Nach geoarchäologischen Untersuchungen könnte Puma Punku in alten Zeiten den Zugang zu Tiahuanaco am Ufer des Titicaca-Sees dargestellt haben. Die heute noch vorhandenen Ruinen sollen Relikte des verschwundenen Hafens sein. Heute liegt der Titicaca-See 18 Kilometer entfernt und gut 30 Meter tiefer als Puma Punku.

257 Die Ruinen der Akapana-Pyramide stehen auf einem 16 Meter hohen Hügel. An ihrer flachen Spitze befindet sich ein geheimnisvolles ovales Becken. Einer weit verbreiteten Meinung zufolge diente es zum Auffangen von Wasser, andere glauben eher, dass hier die Bewegungen der sich im Wasser spiegelnden Planeten studiert wurden.

258–259 und 258 Etwas weiter nördlich liegt die Kalasasaya, eine 130 Meter mal 120 Meter große Plattform von rund drei Metern Höhe, auf der uns unbekannte Rituale und Zeremonien stattgefunden haben müssen. Beeindruckend ist die Bauweise: Die extrem schweren Blöcke aus Andesit und rotem Sandstein fügen sich perfekt aneinander. Die gesamte Kalasasaya wirkt wie ein zyklopischer Kalender, da das Sonnenlicht bei den wichtigsten astronomischen Ereignissen ihre nach dem Äquinoktium oder den Sonnenwenden ausgerichteten Bauten beleuchtet.

259 Ein weiteres faszinierendes Bauwerk ist der viereckige, halb unterirdische Tempel, der erst 1960 entdeckt wurde. An seinen Mauern sind Dutzende Steinköpfe befestigt; diese werden teilweise als Darstellungen von Priestern interpretiert, andere stellen möglicherweise Dämonen und Götter dar.

rotem Sandstein fügen sich perfekt aneinander. Im Bereich der Kalasasaya steht das Sonnentor. Es ist aus einem einzigen Block von Vulkangestein geschaffen, mit fein gearbeiteten Flachreliefs geschmückt und weist vier geheimnisvolle Nischen auf. Das ganze Tor hat ein geschätztes Gewicht von rund zehn Tonnen. Es war umgestürzt und wurde im frühen 20. Jahrhundert wieder aufgerichtet. In der Mitte des Tores ragt eine rätselhafte anthropomorphe Figur in die Höhe, die zwei schlangenförmige Zepter zu halten scheint; ringsum sind 48 geflügelte Gestalten zu sehen, von denen 32 ein menschliches Gesicht und 16 einen Kondorkopf aufweisen. Das Sonnentor verdankt seinen Namen dem Frühlingsäquinoktium, da die aufgehende Sonne an diesem Tag direkt in seinem Zentrum zu sehen ist. Die 48 Figuren und die vier Nischen werden oft als Teil eines in den Stein gemeißelten astronomischen Kalenders angesehen,

der noch nicht entschlüsselt worden ist. Die Kalasasaya wirkt auf jeden Fall wie ein zyklopischer Kalender, da bei den wichtigsten astronomischen Ereignissen das Sonnenlicht ihre nach dem Äquinoktium oder den Sonnenwenden ausgerichteten Bauten beleuchtet. Die wahre Herkunft dieser magischen Stätte ist aber noch ein Rätsel. Gemäß einer lokalen Sage wurde sie von einem alten Riesenvolk erschaffen, das hier in der Vorzeit gelebt haben soll. Arthur Posnansky, der Direktor des bolivianischen Nationalmuseums und Gründer der archäologischen Gesellschaft von Bolivien, nimmt an, dass Tiahuanaco um 15 000 v. Chr. – also mitten in der Eiszeit – gegründet worden ist. Danach soll die Stadt durch eine Naturkatastrophe zerstört und die Bevölkerung dabei getötet worden sein. Diese Theorie ließ in den 1940er-Jahren sogar nationalsozialistische Forscher anreisen, die nach Spuren des legendären Atlantis suchten.

260 oben und 260–261 Das beeindruckende Monument war vermutlich durch ein Erdbeben umgestürzt und wurde Anfang des vergangenen Jahrhunderts wieder aufgestellt. Am Tag des Frühlingsäquinoktiums sieht man die Sonne genau in der Mitte des Tores aufgehen. Der Zusammenhang des Sonnentors mit astronomischen Erscheinungen beschränkt sich jedoch nicht nur auf die Tagundnachtgleiche. Sämtliche Nischen und Figuren, die das Tor schmücken, scheinen einen uralten Kalender zu bilden.

260 unten Der Ponce-Monolith, auch als Ponce-Stele bekannt, befindet sich auf dem Gelände der Kalasasaya. Er ist drei Meter hoch, aus einem einzigen Andesitblock geschaffen und stellt einen anthropomorphen Riesen dar. Seinen Namen verdankt er dem bolivianischen Archäologen Carlos Ponce, der ihn 1957 entdeckte. Es könnte sich um die Statue eines Gottes handeln, der vom Volk in Tiahuanaco verehrt wurde.

Osterinsel

(27°7'14"S  109°21'5"O)

DIE MOAI, DIE RÄTSELHAFTEN, ZEITLICH NICHT EINZUORDNENDEN GESICHTER, SCHEINEN INMITTEN DES OZEANS EINE UNGLAUBLICHE GESCHICHTE ZU VERBERGEN

Rapa Nui, auch Osterinsel genannt, ist ein Geheimnis mitten im Meer. Die Insel ist zwar bewohnt, aber von jedem anderen bewohnten Ort der Erde der am weitesten entfernte. Vor ihren Küsten liegen nach allen Richtungen mindestens 4000 Kilometer Ozean. Die Osterinsel hatte seit jeher eine sehr isolierte Lage. Auf einer Landkarte wirkt sie wie ein kleiner Fleck im Pazifischen Ozean, wie ein Fehler in der blau gefärbten Fläche. Und dennoch befinden sich auf ihrem Boden die geheimnisvollsten Statuen unseres Planeten, die Moai. Es handelt sich um kolossale Gesichter aus Stein, die aus dem Basalttuff der Vulkankrater gemeißelt sind – Blicke aus unbekannten Zeiten, die Fragen aufwerfen, die auch heute noch nicht beantwortet sind.

Welches Volk hat in den Gesichtern der Moai seine Spuren hinterlassen? Wer war in der Lage, diese Monumentalskulpturen anzufertigen und sie von einer Seite der Insel auf die andere zu transportieren? Welches Volk bewohnte Rapa Nui? Und wie gelangte es an diesen verzauberten und fast unerreichbaren Ort? Mit welchen Schiffen legte es Tausende von Kilometern über den Pazifischen Ozean zurück? Die Osterinsel ist rund 160 Quadratkilometer groß und hat derzeit knapp 4000 Einwohner. Sie ist der über dem Meeresspiegel liegende Teil eines Vulkanmassivs, von dem zwei große erloschene Krater deutlich zu sehen sind. Die Insel wurde 1722 zu Ostern (daher ihr Name) vom holländischen Admiral Jakob Roggeveen entdeckt. Laut seinen Reise-

berichten habe der damalige König von Rapa Nui ihm erzählt, er herrsche über die letzten Abkömmlinge eines verschwundenen Volkes. Nur jene, die die Insel erreichten, hätten sich gerettet, der Rest seines Volkes sei untergegangen. Auf welche alte Zivilisation bezog er sich? Richten sich die Blicke der Moai etwa auf eine große Insel in der Nähe, die bewohnt war und untergegangen ist?

Von den imposanten Statuen auf der Insel existieren noch fast 600, ursprünglich müssen es mindestens doppelt so viele gewesen sein. Obwohl sie unterschiedlich groß sind (von etwas gut einem Meter bis beinahe 22 Meter), weisen sie alle das gleiche Gesicht auf. Einst waren sie mit Augen und besonderen roten Kopfbedeckungen versehen, die jedoch geplündert wurden. Der mit 21,5 Metern größte Moai, genannt »El gigante«, befindet sich noch heute in der Höhle des Vulkans Rano Raraku, angelehnt an die Wand, aus der er gemeißelt wurde. Von den stehenden Moai trägt der höchste den Namen Paro und beherrscht mit seinen zehn Metern Höhe die Küste von Ahu Te Pita Kura. Um ihn zu bewegen, waren mindestens 500 Menschen erforderlich.

Nach Ansicht der Archäologen wurde die Osterinsel um das Jahr 300 v. Chr. zum ersten Mal besiedelt. Die Menschen erreichten die Insel mit Kanus, mit denen sie unglaubliche Entfernungen auf dem Meer zurückgelegt hatten. Die Streitfrage, ob sie Polynesier oder Südamerikaner waren, ob sie aus Osten oder Westen gekommen waren, wird unter Fachleuten auch heute noch lebhaft diskutiert. Vielleicht haben

262–263 An der Südküste der Osterinsel befindet sich der größte Ahu von Rapa Nui, der Ahu Tongariki. Auf dieser im Schatten des Vulkans Poike errichteten Zeremonialstätte stehen 15 Moai und richten ihren Blick auf das Meer. Die Statuen wurden 1960 von einem Tsunami umgerissen und wieder aufgestellt.

262 Die Moai wurden im Vulkankrater des Rano Raraku modelliert. Viele sind an seinen Hängen zurückgelassen worden und werden vom Gras überwuchert, andere sind sogar noch innerhalb der Wände des Vulkans verblieben, als hätte man unvermittelt aufgehört, sie aus dem Stein zu hauen.

264 und 265 Die Monolithgesichter der Osterinsel bestehen aus dem vulkanischen Tuffstein des Rano Raraku. Nach jüngsten Studien erfolgte der letzte Ausbruch des Vulkans vor maximal 2000 Jahren. Diese Überlegung grenzt neben anderen wissenschaftlichen Fakten den Zeitraum für die Fertigung der Moai auf die Jahrhunderte zwischen 1000 und 1500 n. Chr. ein. In 500 Jahren wären also mehr als 1000 Statuen geschaffen worden – eine wirklich unglaublich hohe Produktionsquote angesichts der begrenzten Ressourcen einer kleinen Insel, die von wenigen hundert Menschen bewohnt war – ein ungelöstes Rätsel – aber nur eines der vielen ungelüfteten Geheimnisse der Osterinsel.

beide recht, weil lokale Sagen von blutigen Fehden zwischen den beiden Ethnien im alten Rapa Nui berichten, jener mit den langen Ohren aus dem Osten und jener mit den kurzen Ohren aus dem Westen. Eines Nachts sollen die Kämpfe außer Kontrolle geraten, die Langohren niedergemetzelt und in einem einzigen Massengrab verbrannt worden sein. Warum glaubten diese Menschen, die letzten Überlebenden zu sein? Und was hatten sie überlebt?

Ein weiteres Rätsel, das im Mittelpunkt wissenschaftlicher Studien auf Rapa Nui steht, besteht darin, wie die damaligen Einwohner die riesigen Moai von den Höhlen, in denen sie aus dem Stein gehauen wurden, bis an die Küsten der Insel transportieren konnten. Wie schafften sie es, Tonnen von Stein zu bewegen und aufzustellen, ohne physikalische Kenntnisse, ohne Zugtiere und andere Hilfsmittel? Eine kürzlich durchgeführte Studie an fossilen Pollen von der Insel ergab, dass zu der Zeit, als die Moai geschaffen wurden, keine Bäume wuchsen, aus deren Holz man mechanische Transportmittel hätte konstruieren können. Holz soll es nur bis rund 800 v. Chr. gegeben haben, das heißt vor der angenommenen Datierung der Moai.

Noch mysteriöser ist die Schrift der alten Einwohner von Rapa Nui. Die Insel ist reich an archäologischen Funden, die als Rongorongo-Tafeln bekannt sind. Leider wurde ein Großteil von den Missionaren verbrannt, die auf der Insel landeten. Überraschend ist jedoch, dass niemand in der Lage war, sie zu lesen. Warum geriet die komplexe Symbolschrift auf den Tafeln in Vergessenheit? Und wie ist es möglich, dass ähnliche Symbole in Mohenjo-Daro (siehe dort) im Indus-Tal und damit praktisch an den Antipoden von Rapa Nui gefunden wurden?

Die Rongorongo-Sprache ist noch nicht entschlüsselt, auch wenn der Wissenschaftler Steven Fisher im Jahr 1996 verkündete, dass er 22 Tafeln lesen konnte. Laut Fisher war dort der Schöpfungsmythos eingraviert. Das einzig Sichere ist allerdings, dass diese einsame, wunderbare Insel inmitten eines unendlichen Ozeans ein Rätsel birgt, das wir einstweilen nicht lösen können.

266 An der Nordküste liegt der
Anakena, der einzige wirkliche Strand
der Insel. Hier befindet sich auch der
vielleicht spektakulärste Ahu. Sein
guter Erhaltungszustand ist auf den
Sand zurückzuführen, der die sieben
Statuen geschützt zu haben scheint.
Vier davon tragen noch den Pukao,
die charakteristische Kopfbedeckung
aus rotem Vulkangestein.

267 Der Moai Ahu Ko Te Riku ist der
einzige vollständig erhaltende der
Insel. Er trägt einen roten Pukao aus
Lavagestein und weist Augen auf, die
aus einer weißen Korallenart und Obsi-
dian gestaltet sind. Der Überlieferung
nach erwachten die Moai mit dem Ein-
setzen der Augen zum Leben und
ermöglichten es Menschen, mit dem
Jenseits Verbindung aufzunehmen.

REGISTER

BILDNACHWEIS

S. 2–3 The Science Photo Library/Tips Images
S. 4–5 Michael Hanson/National Geographic Stock
S. 9 mit freundlicher Genehmigung von Iwan Palombi
S. 10–11 Foto Scala, Firenze
S. 14–15 Araldo De Luca/Archiv White Star
S. 16–17 Giulio Veggi/Archivi White Star
S. 18 rechts Keystone/Getty Images
S. 18–19 Mauritius/CuboImages
S. 20–21 David Doubilet/National Geographic Stock
S. 21 Winfield Parks/National Geographic Stock
S. 22–23 Dean Conger/National Geographic Stock
S. 24, 24–25, 26–27 Massimo Borchi/Archiv White Star
S. 28 links Imagestate/Tips Images
S. 28–29 Ken Geiger/National Geographic Stock
S. 30 oben Dea Picture Library/De Agostini/
Getty Images
S. 30 mittig Archiv White Star
S. 30–31 Dae Sasitorn and Adrian
Warren/www.lastrefuge.co.uk
S. 32–33 Jeremy Walker/Getty Images
S. 34 Skyscan/Corbis
S. 34–35 Antony Spencer/Getty Images
S. 36 oben und unten, Eddie
Linssen/Alamy/Milestone Media
S. 36–37 Wojtek Buss/Agefotostock
S. 39 Adam Woolfitt/Corbis
S. 40–41 Last Refuge/Getty Images
S. 42 Peter Endig/epa/Corbis
S. 42–43 Georg Knoll/laif/Contrasto
S. 43 rechts Archiv White Star
S. 44–45 Gerard Sioen/RAPHO/Gamma
S. 46–47 Max Homand/Getty Images
S. 47 Joe Cornish/Getty Images
S. 48–49 RobertHarding/CuboImages
S. 49 R. Linke/Agefotostock
S. 50 GoPlaces/Alamy/Milestone Media
S. 50–51 Sylvain Sonnet/Corbis
S. 52, 53 Photononstop/Tips Images
S. 54–55 Sylvain Sonnet/Corbis
S. 56 G. Dagli Orti/De Agostini Picture Library
S. 56–57 Marcello Bertinetti/Archiv White Star
S. 58 G. Dagli Orti/De Agostini Picture Library
S. 58–59 Antonio Attini/Archiv White Star
S. 60–61 Antonio Attini/Archiv White Star
S. 61 Alfio Garozzo/Archiv White Star
S. 62–63 Marco Cristofori/Corbis
S. 64 mit freundlicher Genehmigung
von Schloss Bran
S. 65 German School/Getty Images
S. 66 oben, 66 unten, 67 mit freundlicher
Genehmigung von Schloss Bran
S. 68 oben S. Vannini/De Agostini Picture Library
S. 68 unten Bruce Yuanyue Bi/DanitaDelimont.com
S. 68–69 José Fuste Raga/Agefotostock
S. 70–71 mit freundlicher Genehmigung von
Sam Semir Osmanagic
S. 72–73 Giulio Veggi/Archiv White Star
S. 73 The Gallery Collection/Corbis
S. 74–75 Giulio Veggi/Archiv White Star
S. 75 Araldo De Luca
S. 76–77, 77 oben, 77 unten Giulio Veggi/
Archiv White Star
S. 78–79 Alfio Garozzo/Archiv White Star
S. 79 rechts De Agostini Picture Library
S. 80–81 Alfio Garozzo/Archiv White Star
S. 82 Gianni Dagli Orti/Corbis
S. 82–83 Livio Bourbon/Archiv White Star
S. 84 oben, 84 unten, 85 Giulio Veggi/
Archiv White Star
S. 86–87 Alfio Garozzo/Archiv White Star
S. 87 oben Giulio Veggi/Archiv White Star
S. 87 unten Livio Bourbon/Archiv White Star
S. 88–89 Marcello Bertinetti/Archiv White Star
S. 89, 90 links, 90 rechts, 91, 92 Araldo De
Luca/Archiv White Star
S. 92–93 Marcello Bertinetti/Archiv White Star
S. 94 Marcello Bertinetti/Archiv White Star
S. 94–95 Giulio Veggi/Archiv White Star
S. 96–97 Marcello Bertinetti/Archiv White Star

S. 98 links Dorling Kindersley/Getty Images
S. 98 mittig Wojtek Buss/Tips Images
S. 99 Jon Arnold Images/DanitaDelimont.com
S. 100 Egmont Strigl/Agefotostock
S. 100–101 Yoshio Tomii/Agefotostock
S. 101 Egmont Strigl/Agefotostock
S. 102 links Martin Zwick/Agefotostock
S. 102 rechts David DuChemin/Agefotostock
S. 102–103 Martin Zwick/Agefotostock
S. 104 Stefan Auth/Agefotostock
S. 104–105 A. Tessore/De Agostini Picture Library
S. 105 links Archiv White Star
S. 106–107 JD Dallet/Agefotostock
S. 107 JTB Photo/Super Stock
S. 108–109 Andrew McConnell/Corbis
S. 110–111 Michael Poliza/National Geographic Stock
S. 111 oben C. Sappa/De Agostini Picture Library
S. 111 unten W. Buss/De Agostini Picture Library
S. 113 Nigel Pavitt/Getty Images
S. 114–115 Christine Osborne/Corbis
S. 115 Andrew McConnell/Corbis
S. 116–117 Robert Harding Images/Masterfile/Sie
S. 117 rechts G. Sioen/De Agostini Picture Library
S. 118 oben Desmond Kwande/AFP/Getty Images
S. 118 unten G. Sioen/De Agostini Picture Library
S. 118–119 Robert Holmes/Corbis
S. 120–121 Robert Holmes/Corbis
S. 121 Colin Hoskins/Alamy/Milestone Media
S. 122 The British Library/Agefotostock
S. 122–123 W. Buss/De Agostini Picture Library
S. 124–125, 125 rechts Vincent J. Musi/National
Geographic Stock
S. 126 Vincent J. Musi/National Geographic
Society/Corbis
S. 127, 128, 129 Vincent J. Musi/National
Geographic Stock
S. 130–131 Itamar Grinberg/Archiv White Star
S. 132 oben srael images/Alamy/Milestone Media
S. 132 unten Antonio Attini/Archiv White Star
S. 133 Walter Bibikow/Agefotostock/Marka
S. 134–135 Itamar Grinberg/Archiv White Star
S. 136–137 Historic Map Works LLC and Osher/
Getty Images
S. 138 links www.BibleLandPictures.com/
Alamy/Milestone Media
S. 138–139 Itamar Grinberg/Archiv White Star
S. 140 www.BibleLandPictures.com/Alamy/
Milestone Media
S. 140–141 Zev Radovan
S. 142, 143 links, 144–145, 146–147, 147, 148, 148–149
Marcello Libra/Archiv White Star
S. 150–151 James L. Stanfield/
National Geographic Stock
S. 151 rechts JTB/Photoshot
S. 152 Robert Harding/Robert Harding World
Imagery/Corbis
S. 153 Robert Harding Picture Library
Ltd/Alamy/Milestone Media
S. 154, 154–155 UPPA/Photoshot
S. 156 links Tibor Bognar/Agefotostock
S. 157 Robert Harding Produc/Agefotostock
S. 158 links Dennis Stone/Agefotostock/Marka
S. 158–159 Xu Summergate/Panorama Stock
S. 160–161 Fotosearch/Getty Images
S. 161 Wei Xinan/Panorama Stock
S. 162 links JTB Photo/Super Stock
S. 163 Araldo De Luca/Archiv White Star
S. 164 Universal History Arc/Agefotostock
S. 164–165 Araldo De Luca/Archiv White Star
S. 166–167, 168, 169 Attila Bicskos/Auscape
S. 170–171 Livio Bourbon/Archiv White Star
S. 171 links, 172 oben, 172 unten, 172–173 Antonio
Attini/Archiv White Star
S. 174 oben Livio Bourbon/Archiv White Star
S. 174 unten Ivan Synieokov/Alamy/Milestone Media
S. 175 Robert Harding/Archiv White Star
S. 176–177 Per-Andre Hoffmann/Getty Images
S. 177 rechts Christopher Groenhout/
Lonely Planet Images

S. 178, 178–179 Peter Carroll/Barcroft USA/
Getty Images
S. 180 oben Dave G. Houser/Corbis
S. 180 unten John Van Hasselt/Sygma/Corbis
S. 180–181 Robert Harding Images/Masterfile/Sie
S. 182–183 Gerrit de Heus/Alamy/Milestone Media
S. 184–185 Eva Haeberle/laif/Contrasto
S. 185 mit freundlicher Genehmigung von
© NVAHOF Oral History Project Collection
S. 187 Ocean/Corbis
S. 188–189 Jean-Philippe Delobelle/Bipsphoto/
Tips Images
S. 191 Massimo Borchi/Archiv White Star
S. 192 Robert Harding Images/Masterfile/Sie
S. 192–193, 193 Massimo Borchi/Archiv White Star
S. 195 rechts Archiv White Star
S. 194–195 Jim Wark
S. 196 Massimo Borchi/Archiv White Star
S. 196–197 Antonio Attini/Archiv White Star
S. 198 Antonio Attini/Archiv White Star
S. 198–199, 199 oben, 199 unten Massimo
Borchi/Archiv White Star
S. 200 Imagestate/Tips Images
S. 200–201 Luis Castaneda/Tips Images
S. 202 links Massimo Borchi/Archiv White Star
S. 202–203 LucaPicciau/Cuboimages
S. 204 Yann Hubert/Biosphoto/Tips Images
S. 205 Paul Nicklen/National Geographic Stock
S. 206 ML Sinibaldi/Corbis
S. 206–207 Gavin Newman/Alamy/
Milestone Media
S. 208–209 Antonio Attini/Archiv White Star
S. 209, 210 oben, 210–211 Massimo
Borchi/Archiv White Star
S. 212–213 David R Frazier/Agefotostock
S. 213 rechts Antonio Attini/Archiv White Star
S. 214 Diego Munoz/Agefotostock
S. 214–215, 216–217, 217, 218 Antonio Attini/Archiv
White Star
S. 218–219 Charles & Josette Lenars/Corbis
S. 220 Antonio Attini/Archiv White Star
S. 220–221 Kenneth Garrett/DanitaDelimont.com
S. 221, 222 links, 222 rechts, 223 Antonio Attini/
Archiv White Star
S. 224–225, 226 links, 226 rechts, 226–227 Massimo
Borchi/Archiv White Star
S. 228 Antonio Attini/Archiv White Star
S. 229 links Massimo Borchi/Archiv White Star
S. 229 rechts Archiv White Star
S. 230 rechts Peter Langer/DanitaDelimont.com
S. 231 Carver Mostardi/Alamy/Milestone Media
S. 232–233 Luiz Claudio Marigo/naturepl.com
S. 233 rechts UPPA/Photoshot
S. 234–235 Gilles Barbier/Agefotostock/Marka
S. 235 rechts Yann Arthus Bertrand/Corbis
S. 236–237 Alexander Pöschel/Agefotostock/Marka
S. 238–239 Top Photo/Tips Images
S. 239 oben Yann Arthus Bertrand/Corbis
S. 239 unten Top Photo/Tips Images
S. 240 oben, 240 unten JTB Photo/Super Stock
S. 240–241 Top Photo/Tips Images
S. 242–243 Antonio Attini/Archiv White Star
S. 243 Hiram Bingham/National
Geographic Stock
S. 244, 245 oben, 245 unten, 246, 246–247, 247
Antonio Attini/Archiv White Star
S. 249 Cordier Sylvain/Getty Images
S. 250–251, 252–253, 253, 254 links, 254–255,
256–257 Antonio Attini/Archiv White Star
S. 257 links Kevin Lang/Alamy/Milestone
Media
S. 258, 258–259, 259, 260 oben, 260 unten, 261
Antonio Attini/Archiv White Star
S. 262 links Doug Allan/Naturepl.com
S. 262–263 Peter Langer/DanitaDelimont.com
S. 264 Gavin Hellier/Corbis
S. 265 Gavin Hellier/Getty Images
S. 266 De Agostini Picture Library
S. 267 BILDGENTUR-ONLINE/Agefotostock

Coverabbildungen
Vorderseite: Der »Ahu Ko Te Riku«-Moai auf der Osterinsel ist der einzig »sehende« Moai von Rapa Nui mit eingelegten Augen aus weisser Koralle.
© BILDGENTUR-ONLINE/Agefotostock
Rückseite: Stonehenge, © picture alliance / Mary Evans Picture Library

ZU DEN AUTOREN

ROBERTO GIACOBBO, 1961 in Rom geboren, ist freier Journalist, Kommunikationswissenschaftler und Professor für »Theorie und Technik der Neuen Medien« an der Philosophisch-Historischen Fakultät der Universität von Ferrara. Seine berufliche Laufbahn begann 1984. Er arbeite zunächst bei einem Radiosender und in den frühen 1990-Jahren verfasste er Inhalte für diverse Fernsehprogramme. Seit 1999 moderiert er verschiedene Sendungen des italienischen Fernsehsenders RAI, darunter »Voyager – die Grenzen des Wissens«, welche bereits zahlreiche Auszeichnungen erhielt.
Darüber hinaus veröffentlichte Giacobbo mehrere Bücher wie »Leonardo da Vinci – Geheimnisvolles Genie« oder »Rätsel der Pyramiden«.

GIULIO DI MARTINO wurde Mitte der 1970er-Jahre in Rom geboren. Nach seinem Studium der Theoretischen Physik an der Universität La Sapienza in Rom ging er für ein Forschungsprojekt nach New York. Zurück in Italien schrieb er wissenschaftliche Artikel für die führenden Zeitschriften. Mit 25 Jahren wurde er Medienberater des Fernsehsenders RAI. Seit 2003 schreibt er die Drehbücher für »Voyager – Die Grenzen des Wissens«. Er reist um die ganze Welt, um Dokumentarfilme über die faszinierendsten Mysterien der Geschichte, Wissenschaft und Archäologie zu produzieren.

Die Originalausgabe erschien unter dem Titel
»Viaggio nel Misterio« 2012 bei WS Edizioni White Star®,
Vercelli, Italien

Rechte der deutschsprachigen Ausgabe:
© 2013, Frederking & Thaler Verlag
in der Bruckmann Verlag GmbH

Übersetzung: Michaela Spath, Wien
Redaktion und Satz: VerlagsService Dr. Helmut Neuberger &
Karl Schaumann GmbH,
Kirchheim-Heimstetten
Layoutdesign: Clara Zanotti
Umschlaggestaltung: coverdesign uhlig, Augsburg
Produktmanagement: Dorothea Teubner, Avalon Koeppl

Die deutsche Nationalbibliothek verzeichnet diese Publikation
in der Deutschen Nationalbibliografie; detaillierte
bibliografische Daten sind im Internet unter http://dnb.ddb.de
abrufbar.

ISBN 978-3-89405-991-0